只因骨格异，俗谓喜离群。

湘西风情

沈从文小传

傅晓红 著

中国青年出版社

图书在版编目（CIP）数据

湘西风情：沈从文小传／傅晓红著. -- 北京：中
国青年出版社，2025. 4. -- ISBN 978-7-5153-7652-3

Ⅰ. K825.6

中国国家版本馆 CIP 数据核字第 2025250Y4M 号

责任编辑：杜海燕
出版发行：中国青年出版社
社　　址：北京市东城区东四十二条 21 号
网　　址：www.cyp.com.cn
编辑中心：010-57350503
营销中心：010-57350370
经　　销：新华书店
印　　刷：三河市君旺印务有限公司
规　　格：650mm×910mm　1/16
印　　张：14.5
字　　数：111 千字
版　　次：2025 年 4 月北京第 1 版
印　　次：2025 年 4 月河北第 1 次印刷
定　　价：69.80 元

如有印装质量问题，请凭购书发票与质检部联系调换
联系电话：010-57350337

目
录

CONTENTS

故乡与童年

在湖南省的西北部，雪峰山以西，大约是沅水与澧水流过的区域，人们都称之为"湘西"。

湘西是块神秘的土地；它偏僻、闭塞、交通不便。直到二十世纪初，这里还没有火车、没有公路。与外界连接的走道，唯有沅水和澧水两条河流。

沅水上游有五条支流，俗称"五溪"，它们在群山中穿行，延伸到湘西各地。这些河流乱石密布，险滩迭起，水流湍急，十分险恶，却是湘西人民的交通要道。

自古以来，苗族、土家族等少数民族就在湘西这块土地上繁衍生息。从清代开始，统治者在这块土地上建立起许多军事哨所——有城墙，有岗楼，驻扎了许多军队。这些军事据点逐渐发展成城镇，其中有一个小城名叫镇筸，又叫凤凰。公元一七〇四年，统辖整个湘西兵马的兵备道设在了这里，这里便成了清朝湘西汉人统治全区的政权中心。直到二十世纪初，这个小城的人口不过三五千人，可驻在它四周的正规军却多达七千人。

凤凰很美。有位居住在中国数十年的新西兰老人艾黎，曾称凤凰与福建的长汀，是中国最美的两座小城。小城的四周还保留着与苗民打仗所垒砌的土块城墙，山顶上有星罗棋布的碉堡。一条奔腾不息的大江从东穿过凤凰城北，江上有座大桥，桥两旁是层层叠叠的居民住房，桥的下游有座万寿宫，宫边矗立着一座白塔，从桥上就可以欣赏到白塔秀丽的倒影。小城的街道用石条铺就。逢到雨日，石板上便会响起叮叮咚咚行人穿钉鞋走过的声音。城外有许多庙宇，什么武侯祠、马王庙、玉皇祠……每逢庙会，四方赶来的善男信女烧香拜佛，络绎不绝。街市上逢到赶场的日子更是热闹，各行交易，市声喧阗。沈从文的故乡就在凤凰。

说起沈从文，就得先说说他的祖父沈宏富。沈家在祖父沈宏富那一辈还是寒素之家。沈宏富年轻时靠贩马为生。一八五一年，洪秀全、杨秀清等人在广西金田发动了农民起义。一八五三年，在南京宣告太平天国成立。清政府慌忙任命曾国藩为帮办团练大臣，在湖南各地招募乡勇，成立湘军，镇压太平军。沈宏富这时参了军。骁勇善战的他很快崭露头角，升任为青年将校。除打太平军外，沈宏富后又跟随湘军打过起义的回民、苗民。一八六三年，他升任贵州提督，年仅二十五岁。后因负伤回家，不久便去世了。

沈宏富为沈家在故乡凤凰挣得了一份优越的地位，沈家从此跻身于当地的上层阶级。沈宏富死时很年轻，还没有子女，寡妻便按当地风俗，决定过继沈宏富弟弟沈宏芳的二儿子为子，替沈宏富传递香火。其实沈宏芳当时也没有子女，因为妻子不育。沈宏富的寡妻便自己做主，从贵州境内弄来一位苗族姑娘给沈宏芳做二房。那时，苗民的社会地位极其低微，苗民或苗民之子一律不能参加文武科举，所以沈家把这苗族媳妇的身份隐瞒得很紧，她为沈家生了两个儿子后，便被远远地嫁了出去，最后不知所终。沈家为这位苗族妇人修了一座假坟，逢年过节，让子孙在坟前焚香磕头，对外人说她是个汉人。这事不但骗过了邻居，也使后代儿孙信以为真。直到沈从文的母亲去世之前，才亲口告诉了沈从文这个悲惨的故事。

沈宏芳的二儿子取名宗嗣，他便是沈从文的父亲。

沈宗嗣从小便幻想像父亲沈宏富一样，也做一名将军。家里还专门为他请了一名武术教师。等长大习得一身武艺后，沈宗嗣便投身清军去了，他被派往天津大沽镇守炮台。一九〇〇年八国联军攻陷天津时炮台失守，这便断送了他一生的功名，将军梦破灭了，沈宗嗣回到了故乡。

就在沈宗嗣回到凤凰的第二年，一九〇二年十二月二十八日凌晨，沈宗嗣的第二个儿子来到了人世，取名沈岳焕（青年时期改名为沈从文）。

沈从文在兄妹九人中排行第四，男孩中居二，因此同胞弟妹全都叫他"二哥"，沈从文早期写作的许多小说中，常常也把其中的自传性人物叫作"二哥"。

沈从文的母亲姓黄，名英，据说当初给沈宗嗣提亲的有五六家女孩。相亲那天，应选的女孩子个个打扮得花枝招展，唯独黄英穿了一身蓝布衣裤，显得既朴素又大方，沈母一眼便相中了，说："我要能治家的，不是要好看的。"

其实黄英长得很清秀，眉毛长长的，眼睛大大的。最为不平常的是，她出身书香门第，从小就读书识字，比沈宗嗣读的书多。她还懂医方、会照相。年纪很小时，她便随一个哥哥在军营中生活过，见识颇多。黄家是个开明的家庭，父亲是当地最早的贡生，守文庙做书院院长，是当地唯一的读书人，但他又是凤凰第一个剪去辫子的人。黄英的哥哥也有新思想，凤凰城里第一个照相馆、第一个邮政局都是他开办的。黄英理所当然地就成了凤凰第一个会照相的女子。

小时的沈从文，肥壮健康，聪明伶俐，很得家人的喜爱。四岁起，母亲便开始教他识方块字。沈从文一边从母亲手中接过字块，一边从外婆手中接过糖来吃。等认得了五六百个字时，肚子里便生了蛔虫，白白胖胖的他从此变得又黄又瘦。家里人按家乡的偏方，用草药蒸鸡肝给他当饭吃。这时，沈从文的两个姐姐正在一个女先生处上学，沈从文也跟着去，这个女先生是沈家的亲戚，因沈从文年龄还很小，所以读书的时间较少，坐在女先生膝上玩的时间倒较多。

沈从文六岁时，弟弟才两岁。一次，兄弟俩同时出疹子。当时正值六月高温天气，兄弟两人日夜发着高烧，既不能躺下睡觉，一躺下就又咳又喘，又不能让人抱，抱着就全身难受。家人实在无法，只好用竹簟将兄弟两人卷起，像春卷一样，竖立在屋内的阴凉处。那个年代的湘西缺医少药，出疹子便是孩子们生命中的一个关口，很多孩子因此而丢了命，沈家也为小兄弟俩预备好了两具小小的棺材。谁知渐渐地，两人的病竟慢慢好了起来。大病后，家里请了一个高大健壮的苗族妇女专门照料沈从文的弟弟，因她的细心和得法，弟弟后来长得又高大又壮实，而沈从文却相反，一场病使他完全变了模样，从此再也没有与健壮结缘，成了一个小"猴儿精"。

就是这个小"猴儿精"，后来成为中国文坛上的大文豪。

一本小书与一本大书

六岁时，沈从文开始进私塾读书。

私塾中的启蒙教育重在认字与背书。背的书是《孟子》《论语》《诗经》等。沈从文在家已认识了不少字，他的记忆力又特别地好，所以轻轻松松地过了第一年的学习生活。

第二年，沈从文换了家私塾，学习仍是认字、背书。呆板、了无生气的学习渐渐使沈从文厌倦了。他发现班上有几个大些的孩子经常逃学，然后用谎话诓骗先生，有时居然也能逃过先生的惩罚。沈从文有个姓张的表哥，大他几岁，撒谎逃学是把老手。他经常带着沈从文逃学，去橘园玩，去城外的山上玩，去河边玩水……然后教他种种撒谎、圆谎的技巧。

逃学的次数多了，圆得再好的谎也会有戳穿的时候。沈宗嗣终于知道了儿子经常逃学的事，他十分愤怒，有一次竟大吼着，说要砍去沈从文的一只手指。

沈宗嗣本来极爱沈从文，他自己做着将军的梦，对沈从文却怀着更大的希望。他时常讲祖父当年的许多勇敢光荣的故事，以及自己在战争中的种种故事给沈从文听，他是第一个夸沈从文聪慧的，说他将来可以学唱戏，做个像谭鑫培那样的著名京剧演员，因为沈宗嗣自己爱唱京剧。在沈宗嗣的眼中，儿子沈从文将来不论做什么事，都应比做个将军还要高些。沈从文的逃学撒谎行为大大伤了这个军人的心，他开始对沈从文失望，把做将军的希望渐渐放到了沈从文的弟弟身上。

砍去一只手指的恐吓并没有对沈从文起多长时间的作用，凤凰城内外的大自然和形形色色的人与事这本大书强烈地吸引着沈从文。逃学已成为沈从文的习惯。

那时学童上学都是手中拎只竹篮，篮内放着十几本书。逃学时把书篮挂在手肘上未免太醒目，大人一看便知这是个逃学的孩子，就会对他说："逃学的，赶快跑回家挨打去，不要在这里玩。"沈从文和那帮逃学的孩子便想出个好主意，把书篮寄放在一个土地庙里。那地方无人看管，孩子们便信托庙中的木菩萨，把书篮藏到神座龛子里去，常常同时有五只八只篮子，可谁也不会乱动别人篮里的书。书篮放得次数最多的，必定属于沈从文。

沈从文常常一个人走到城外的庙里去，因为是逃学，去的地方不能有熟人，他就去较远的庙里玩。庙的殿前廊下时常有人在绞绳子、织竹簟、做香，沈从文便站在一边津津有味地看。有人下棋，有人打拳，沈从文都站一边看，甚至别人吵架，他也站一边听。实在没有什么可看可听的，他便开始设计如何回家的方法了。

家里认为沈从文逃学一定是因为教师或学校的缘故，就又替他换了所学校。这下更好了，新学校离家更远，要经过许多有趣味的地方。每天上学，沈从文一出家门，就把鞋脱了，拎在手上，他喜欢光着脚板自由自在的感觉。时间照例是不管的。他顺着长长的街道，从各个店铺门口一路看过去。针铺门前永远有一个老人戴了副极大的眼镜，低着头在磨针。伞铺的大门敞开着，做伞的十几个学徒一起工作，任人参观。皮靴店的大胖子皮匠，天热时总腆着一个又大又黑的肚皮，上面还有一撮毛！剃头铺里任何时候总有人手托着一个小小木盘，呆呆地在那里任剃头师傅刮脸。染坊里有不少强壮有力的苗人，站得那样高，手扶着墙上的横木，双脚踹在凹形的石碾上面，一左一右地轮番使力，带动着碾石前后移动。苗人在空中悬着，沈从文的心也就悬着。离豆粉作坊还老远，沈从文就能听到骡子推磨的隆隆声，而且屋顶棚架上总是晾满了白粉条。经过屠户的肉案桌，会看到那些刚刚宰杀的猪肉还在跳动颤抖着。

最能让沈从文停留，一看好半天的还有三家豆腐作坊，那全是苗人开的。苗族妇女头上扎着高高的花帕，套着各式银项圈，扎着绣满五彩花边的围裙，小腰白齿，一面用放光的红铜勺舀取豆浆，一边引逗着缚在背后包单里的孩子，嘴里还哼着小曲。

那家扎冥器出租花轿的铺子最可看，里面有白面无常鬼、蓝面魔鬼、鱼龙、轿子、金童玉女，每天都可以从那里看出有多少人接亲，有多少冥器，那些定做的作品已完成了多少，换了些什么式样。沈从文还爱看学徒们如何给冥器贴金敷粉、涂色。

若是往西城走去，那边有关押囚犯的监狱。一大清早不少犯人戴着脚镣从牢中出来，由士兵押着去做衙门里派的苦役。牢狱附近还有个杀人场，如前一天刚刚杀了人，还没人去收尸，尸体一定已被野狗啃得破破碎碎。沈从文便会走上前去看看那个碎了的尸体，用小木棍去戳戳，看还会不会动，或者捡起块小石头，在污秽的人头上敲一下。如还有野狗在那里争夺，沈从文就会从容不迫地捡起许多石块向野狗掷去。看到野狗们哄散，沈从文便得到了一种乐趣。

再往前走，有一条小溪。有时溪中涨满了水，沈从文就把裤管高高卷起，在溪中涉水，直走到水深过膝为止。在南门河滩边，沈从文还可以待在那儿看一阵杀牛。因为每天都来看，所以杀牛的手续同牛的五脏六腑的位置都被他弄得清清楚楚。

河滩过去，边街上有织簟子的铺子，又有铁匠铺。沈从文每天都看到几个老人坐在门口用厚背钢刀破篾，几个孩子蹲在地上飞快地织簟子，沈从文总是好奇地盯着左看右看，对这一份手艺，过去了好多年，沈从文还自认为比自己写字还要在行。铁匠铺大门总是大开的，一个小孩两只手拉着风箱横柄，整个身子前倾后倒。于是风箱就发出一种吼叫声，火炉便放出臭烟同红光，铁匠不慌不忙地扬锤、淬火。每天去看，任何一件铁器的制造次序沈从文再也不会弄错了。

还有让沈从文醉心的事，是站在大桥上看大水。每逢春夏之交，下过暴雨后，河水就猛涨起来，凶猛的河水带着上游卷来的木头、家具、南瓜、牲畜等物，奔涌而来。凤凰城的许多人这时定会用长绳系住腰，在桥头等着，看到有值钱的东西漂过来，就踊身跃入水中，用绳子把那东西缚住，自己便顺着水势向下游岸边游去，上岸后把绳子的另一头迅速捆到大石头或大树上，这样，值钱的东西就归自己了。这时许多人站在桥头看热闹，沈从文总挤在人堆里，好不快活。

他还喜欢看人在洄水中扳罾，巴掌大的活鱼在网中蹦跳，银灿灿的一片，真是很有趣。

秋天，山地里、田塍上，到处都是蟋蟀的声音，沈从文在学校里更是坐不住了。他总是想方设法逃学上山去捉蟋蟀。捉住了又没地方安置这些小东西。一手一只，再去听第三只。把第三只从泥土里赶出来了，比比手中的，若第三只大些，就开释了手中的，再捕捉新的，如此轮流换去，一整天也只能捉住两只蟋蟀。太阳偏西了，沈从文便急急赶到一个刻花板的老木匠那里，借他的瓦盆来斗蟋蟀。老木匠提出要用战败的一只抵作租钱，沈从文满口答应。转眼间，沈从文就只剩一只了，老木匠必定又提议："我们比比，你赢了，我借这瓦盆给你一天，你输了，这只蟋蟀也归我。"沈从文点头同意，老木匠照例进屋去取出一只蟋蟀，与沈从文手中的一斗，自然三五回合还是沈从文的那只输了，而老木匠的那只，正是沈从文前一天输给他的。两手空空的沈从文满面颓丧，老木匠怕他生气摔了瓦盆，总是一面收拾瓦盆，一面带着鼓励的神气笑着说："小老弟，明天再来！你应当走远一点，捉好一点的，明天再来！"

一整天在田塍上乱跑的沈从文，浑身是泥，回到家中，不用多说也知是又逃学疯玩了一天。沿老例，家中罚沈从文跪在空房子里，不许哭，不许吃饭。这时的沈从文，记忆和想象恰如生出了一对翅膀，飞往各式动人的事物上去了。按照天气的冷暖，他想到河中的鳜鱼被钓起以后拔刺的情形，想到天上翻飞的风筝，想到空山中歌唱的黄鹂，想到树上令人垂涎欲滴的果实。沈从文的心总在为新鲜的声音、新鲜的颜色、新鲜的气味而跳动，忘掉了跪罚的痛苦。家常便饭的处罚使沈从文常常有了练习想象的机会，长大后，回忆起童年的这一段，他甚至感谢这种处罚，这对他将来的写作大有裨益。

只要不逃学，沈从文在学校里是不会像其他孩子那样被打手心、打屁股的，他读起书来，十遍八遍后，背诵起来就能朗朗上口，一字不漏。小小的沈从文想不通的是，读书这么容易，认字也不算什么稀奇。最稀奇的是另外的事，比如：为什么骡子推磨时要把眼睛蒙上？为什么刀得烧红了再往水里一淬才能坚硬，为什么雕佛像的师傅会把木头雕成人形，佛像上贴的金为什么能打得那么薄？……这些古怪的事情实在太多了。

生活中充满了疑问，这些都必须由沈从文自己去寻找答案。沈从文的求知欲太旺盛了，他什么都想知道，可知道的又太少，有时自己便有点发愁。他便更加起劲地在大自然、在社会这本大书中吸取，他各处去看，各处去听，还各处去嗅闻。

在我面前的世界已够宽广了，但我似乎就还得一个更宽广的世界。我得用这方面弄到的知识证明那方面的疑问。我得从比较中知道谁好谁坏。我得看许多业已由于好询问别人，以及好自己幻想所感觉到的世界上的新鲜事情、新鲜东西。（沈从文《从文自传》）

辛亥革命这一课

　　沈从文九岁这一年，中国发生了重大的历史转折。革命党人在武昌发动武装起义，攻占总督衙门，并一举占领了武汉三镇。消息传出，全国各地纷起响应，清王朝近三百年的统治摇摇欲坠，朝不保夕。

　　凤凰城的气氛突然紧张起来，街上随时可以看到巡逻的清兵，四处贴着捉拿革命党人的告示。与此同时，凤凰城外回乡的苗民们开始骚动起来，他们认为时机到了，可以清算两百年来满族统治者及依附清廷的汉族官僚、商人对他们的种种歧视、压迫与剥削。他们四下串联，准备发动武装起义。

　　积极参与武装起义的还有不少本地的汉族群众，他们抗争的主要是外来官吏、商人对他们的盘剥与压迫。

　　九岁的沈从文对此还懵懵懂懂。其实他的表哥与父亲都是这次起义的筹划者。

沈从文的表哥叫躯韩，是一个守碉堡的绿营兵。他守的碉堡过去十来里就是苗乡。他在苗人中颇有些威信，有事需人相帮，一喊，就能立即过来一些苗人。表哥挺喜欢沈从文，四岁时还带他去哨所玩过几天。平日里来到沈家，总不忘给从文带点小鸡啊什么的玩意，还给小从文说苗人故事，每次小从文都缠着不放他走。

这一天，表哥又从乡下来了，可他竟不搭理小从文，不是四处出去买白带子，就是跟沈宗嗣在一起嘀嘀咕咕。各个铺子里买回来的白带子已装了两担，从文怀疑他是准备自己开个带子铺了。从文还听到他跟爸爸商量，要把从文的几个兄弟姐妹送到乡下去。小从文预感到城里有什么事要发生了。

当小从文的两个姐姐一个哥哥一个弟弟准备跟一位苗族妇女躲进苗乡时，沈宗嗣问从文：

"你怎么样？跟阿蚜①进苗乡去，还是跟我在城里？"

"什么地方热闹些？"

---

① 苗语中对同辈女人的称呼，相当于汉语中大姐之类。

"不要这样问，我明白你的意思。你要在城里看热闹，就留下莫去苗乡吧。"

原来，城里的一些绅士们早已和苗民起义者作好了内外接应的准备。第二天，家里有许多人进进出出。叔叔在仓库里磨刀，父亲在书房中擦枪，每个人的脸色都很凝重，每个人说话都结结巴巴，有时还互相莫名其妙地微笑。小从文好奇地看着这一切。他非常兴奋，从这个人身边跑到那个人身边，明白就要有不同寻常的事发生了。他还注意到四叔叔这一天竟出门了九次。小从文跟在四叔叔的身后，悄悄问：

"四叔，怎么的，你们是不是预备杀仗？"

"咄，你这小东西，还不去睡？回头猫儿吃你。赶快睡去！"

于是，小从文被一个小丫头拖去睡觉了。

等沈从文一觉睡醒，发现家里少了几个人，几个叔叔全不在了，爸爸坐在太师椅上，低着头不说话，其他人全都脸儿白白的。

小从文突然想起杀仗的事，忙问：

"爸爸，爸爸，你们究竟杀过仗没有？"

"小东西，莫乱说，夜来我们杀败了！全军人马覆灭，死了上千人！"

原来，起义计划是苗民深夜由三个方向集中攻城，用奇袭的方法。他们的武器是大刀、长矛、自制的枪炮。城里的人到时候接应。但守城的清军武器精良，平时训练有素，抵抗很顽强，城内的人没敢贸然响应，再加之三支苗民队伍相互失去联络，起义队伍终于被击溃了。

小从文看见叔叔从外面回来，满头是汗，结结巴巴地说：衙门从城边已经抬回了四百多个人头、一大串耳朵、七架云梯、一些刀和其他一些东西。河对面杀的人更多，还烧了七处房子，现在不许人上城去看。

沈宗嗣一听有四百多个人头，忙对叔叔说：

"你快去看看，躲韩在里边没有，赶快去，赶快去。"

沈从文一听表哥昨晚也在城外杀仗，心中十分关切。听说衙门口有那么多人头，还有一大串耳朵，就跟平时爸爸给他说的杀长毛的故事差不多，他又害怕又兴奋。过了一会儿，叔叔跑回来告诉爸爸，人头中没有躲韩的头。又过了些时间，街上的铺子全都奉命开了门。沈宗嗣便带着小从文急急来到衙门口。

一大堆肮脏血污的人头放在衙门口的平地上。衙门口的鹿角上、辕门上、从城外缴获来的云梯上也都悬挂着许多人头。小从文不明白为什么要杀这么多人。他又看见了一大串人的耳朵，真是一生中再也不容易看到的古怪东西！叔叔问沈从文：

"小东西，你怕不怕？"

沈从文回答不怕。以前看戏和听故事，总说是"人头如山，血流成河"，现在真的看到了。沈从文没感觉到怕，他只是疑惑，以为这里面一定有什么错误，为什么这么多人被砍头？砍他们的人又是为了什么？他去问爸爸，爸爸只说是"造反打了败仗"。沈从文还是不明白。

革命失败了，杀戮却刚刚开始。清兵们开始分头下乡去捉造反者。捉的大多是无辜的农民，问一两句话便拖到城外河滩上砍头。每天必杀一百个人左右。有时衣也不剥，绳子也不捆缚，就这么跟着赶去河滩，常常有被杀的稍微机灵些，站得离队伍分开些，兵士们便以为是看热闹的人，就忘了杀了。被杀的苗民大多糊里糊涂，不知道会发生什么事，一直到了河滩上被人吼着跪下时，才明白原来自己要被砍头，这才大声哭喊惊惶地乱跑起来，这时刽子手便提着刀赶上前去，一阵乱刀砍翻了他们。

这种愚蠢残酷的屠杀持续了有一个月，尸体多得来不及埋，河滩上常常躺着黑压压的一片，足有四五百具之多。

到后来，凡苗乡被捉来的人统统杀头。衙门里把告示贴在墙上，说"苗人造反"。城里一些原先与革命者有联系而未被发觉的绅士们，便一起去向道台请求砍头要有个限制。这些绅士都是凤凰城内有头有脸、说话有些分量的人，道台这才同意让犯人有个选择。

这个选择竟然是委托当地人民敬信的天王当仲裁。清兵们把犯人牵到天王庙大殿前院坪里，让犯人在神前掷筊来决定自己的生死。凡顺筊、阳筊，开释；阴筊，杀头。凡活的人自己向右走去，应死的人自己向左走去，应死的人约占犯人的四分之一，他们都以为这是神的安排，默默接受事实，低着头走去受死。

沈从文天天跟小伙伴去看砍头，跟着犯人到天王庙去看他们掷筊。

看那些乡下人，如何闭了眼睛把手中一副竹筊

用力抛去，有些人到已应当开释时还不敢睁开眼睛。又看着些虽应死去还想念到家中小孩与小牛猪羊的，那分颓丧、那分对神埋怨的神情，真使我永远忘不了，也影响到我一生对于滥用权力的特别厌恶。

我刚好知道"人生"时，我知道的原来就是这些事情。（沈从文《从文自传》）

第二年，也就是一九一二年的三月，革命党人又在凤凰、乾州、松桃一带重新聚集力量，准备举行更大规模的武装起义。衙门里的官看到全国各省纷纷"独立"，知道清王朝气数已尽，便宣布投降。凤凰小城里到处都悬挂着白旗，上面写着个"汉"字。衙门与革命党达成协议，让镇守使、道尹、知县离开小城，地方上一切由本地绅士出面主持。沈宗嗣这时立刻成为了当地的要人。

从文的哥哥、姐姐、弟弟全都被从苗乡接了回来，家里又有许多乡下军人来来往往。有一天，沈从文突然又看见了表哥躺韩，他没有死，还背了一把单刀，朱红牛皮的刀鞘上描着黄金色的双龙。小从文悄悄告诉他：

"我去天王庙看犯人打笑，想知道你有没有被捉。"

表哥说："他们手短了些，捉不着我，现在应当我来打他们了。"

当天全城的人都去了天王庙开会，沈宗嗣正在台上演说，那表哥果真爬上台去重重扇了县知事一个嘴巴。打得台上台下笑成一片，演说都无法继续。

这场革命还使沈家起了些变化，沈宗嗣与一个姓吴的绅士竞选长沙会议代表失败，赌气出走去了北京。在北京又组织了一个铁血团，准备刺杀窃国大盗袁世凯。刺杀行动失败，沈宗嗣连夜逃出关外，从此改名换姓，东躲西藏，直到袁世凯死后才敢与家里人联系。沈宗嗣多年在外到处借债，家里只能典田还账，最后造成了沈家的破产与败落。

读一本小书与一本大书

革命在凤凰"成功"了，小城的表面有了一些新的变化，但骨子里却一切因循旧例，凤凰又恢复了往日的宁静。

有一个变化对沈从文来说很重要：凤凰有了新式小学。新式小学不需要背诵四书五经，不随便打人屁股与手心，小学生们也不必成天坐在桌边，课间可以在院子里玩耍。

一九一五年，沈从文从私塾转到了新式小学上学。

沈从文挺喜欢这所小学。学校依山而筑，屋前屋后有许多参天大树，学校里有许多新同学；这一切都让沈从文感到新鲜。学校里有手工课，顽皮的沈从文和同学们用做手工的白泥给老师捏塑像，然后各取一个绰号，这事让他们开心不已。他们还用小刀在座位底板上镌雕上自己的名字。

一下课，沈从文就去爬树。校后山边的几棵大梧桐树，常常是沈从文和同学竞赛的地方，看谁先爬到顶。在后山，沈从文还认识了约三十种树木的名称。如果谁爬树跌了下来，或扭伤了脚，刺破了手，沈从文便跟着同学去采草药。这样，他又认识了十来种草药。他还学会采笋子、采蕨菜。春天里，后山上到处都开着野兰花，到处都是酸甜解渴的刺莓，到处都有吱吱唱歌的雀鸟，小从文深深被大自然的魅力吸引，在后山，他掌握了许多有用的知识。

下午学校放学后，沈从文与小伙伴不是在操场的沙地上学翻斤斗，就是分两群打架。假如放学的时间早些，几个同学就会沿着城墙，出城去玩玩。若看到沙岸边有谁的柴船无人看管，几个人就会跳上去，飞快向河中心划去。一会儿船主人来了，假如他客客气气地说：

"兄弟，兄弟，快把船划回来，我还要回家。"

几个孩子也会十分和气地把船划回来。若船主是个性格暴躁的，见自己的小船被一群小孩弄到河中打转转就高声叫骂起来，那下便糟糕了，沈从文和小伙伴一定也高声回骂着，并快快地把船向下游划去。到了下游几个人上了岸，就让那船搁在浅滩上不再理会。

天热的时候，一放学，孩子们就会脱得赤条条地跳进河里。不会游泳的就把裤子泡湿，扎紧裤管，灌足满满两裤腿空气，再用带子捆好，便成了"水马"，就像今天的救生圈。有了这东西，不会水的人也能漂起来，向水深处泅去。沈从文很喜欢游泳，他还学会了空手在水中抓鱼，像苗家娃娃那样，还用黏土来捏制"泥炮"，这种泥炮被太阳晒过后，扔到地上时，会发出最响亮的"叭"的一声巨响。

那时从文的爸爸已经离开了故乡，大哥对沈从文的管束很负责。家里知道沈从文天天到很深的河中去游泳，很担心他会被淹死，所以下命令禁止他再去。大哥每天一到时候，必定出现在河边。他是个近视眼，要从一大群光着身子的孩子中认出沈从文来，的确不容易。他就从堆在河边的衣服中挑出沈从文的来，然后拿着衣服，远远地坐在路边等。既然衣服在大哥手中，小从文就不能不见他，只好乖乖地爬上岸来，跟着大哥回家。到家必定又是挨一顿打。

有过两次教训，沈从文再游泳时就先把衣裤藏起来，只要大哥一从大路边走来，就有小伙伴报信，沈从文很快游到河中心，仰卧在水中，只露出一张脸两只鼻孔来。大哥找不到从文的衣裤，便大声问小伙伴：

"熊澧南、印鉴远，你们见我兄弟老二了吗？"

那些同学便故意大声回答：

"我们不知道，你不晓得看衣服吗？"

大哥便相信沈从文没来游泳，这个进过美术学校的大哥，便用艺术家的眼光欣赏一阵河边景致，然后拿出速写簿画起画来，最后吹着口哨回家去了。几次过后，大哥起了疑心，他也不说破，照旧装着相信从文不在河里，回家去了，其实他不是躲在城门边，就是坐在卖荞粑的苗族妇女的小茅棚里，耐心地等着。等沈从文和小伙伴游完泳说说笑笑走过来时，他便一跃而出，像机敏的公猫抓到了耗子那样，一把抓住沈从文的衣领，揪他回家。

以后沈从文又学乖了，故意不和同伴们一起进城回家，一个人落在后面，或绕到极远的东门回去。

一个夏天沈从文都在和哥哥捉迷藏。水对小从文来说，诱惑力太强了。他喜欢水，喜欢赤条条泡在水里的感觉，喜欢仰卧在水面上，望着黛青的远山和湛蓝高远的天空，那真是太美了。

我感情流动而不凝固，一派清波给予我的影响实在不小。我幼小时较美丽的生活，大部分都同水不能分离。我的学校可以说是在水边的。我认识美，学会思索，水对我有极大的关系。(沈从文《从文自传》)

　　这群顽童更喜欢赶场，这种机会每五天就是一次，特别是离凤凰有十里路的长宁哨苗乡的场集，他们更是乐不思归。你看，苗人酋长带着女儿乘小船木筏唱歌前来，到场上卖牛羊、卖烟草，还卖野猫、卖豹子老虎皮，换了盐巴和冰糖回家。苗人还在场上决斗、赌钱，卖捕来的斗鸡，这种鸡很快就会在城里斗鸡场上出现。碰上苗家特别节日，沈从文和小伙伴还能看到斗牛和"椎牛"的仪式，这种习俗不久就不再举行了。沈从文懂得的那点苗语刚好够用来向苗民买狗肉。来回走二三十里路，早就腹中空空了，假如哪个人身上有一两枚铜板，就去狗肉摊边割一块狗肉，蘸些盐水，大伙分着吃。

　　在场上，小伙伴们去看水碾水碓、各种水车。经过榨油坊，去听打油人唱歌，再绕些路，可以看到造纸作坊的人用水力捣碎稻草、竹条，用细篾帘子舀取纸浆做纸……反正乡场上的空气、声音、颜色，甚至生意人身上的臭味，都能让顽童们满意。这样玩一次，沈从文认为比读半年书还有收获，他喜欢读这本色香俱备、内容充实、用人事写成的大书。

那时沈从文的家里还有一些田地，每年秋收，他便同叔父到乡下去督促雇工割禾。在乡下他又学会了许多知识。比如，如何识别各种害虫，如何辨别各种禾苗。他学会了捕捉蚱蜢，学会用鸡笼去罩捕水田中的鲤鱼、鲫鱼，再用黄泥把鱼包好塞到热灰里去煨熟了吃。佃户家的小斗鸡，他知道怎样观察其优劣。农民用稻草芯织小篓小篮，沈从文也学会了，还有吹呼哨招引野雉，用小竹子做唢呐……

小从文对周围的世界永远好奇、敏感，他观察事物细致入微，对一切奥秘追根究底，他的艺术天才一部分正来源于此。

整天在外疯玩，不免会沾染上坏的习气。沈从文竟学会了赌博和说下流话。家里有时派沈从文去买菜，他就把买菜的钱当赌注，赢了钱便自己买东西吃了，若不巧全输了，只好跑到溺爱他的外祖母那里，让她把买菜的钱补上。有时小从文正赌在兴头上，突然上衣后领被一只强硬有力的瘦手捉牢，一个哑哑的声音在他身边响起：

"这一下捉到你了！这一下捉到你了！"

那是哥哥。捉回家的沈从文被饱打一顿，然后双手被腰带缚住，关在谷仓里，半天不许吃饭。过后他仍恶习不改。沈从文就这样不学好去学赌骰子，不知给家中多少气恼。

但凡事都有正反两个方面：

> 我从那方面学会了不少下流野话和赌博术语，在亲戚中身份似乎也就低了些。只是当十五年后，我能够用我各方面的经验写点儿故事时，这些粗话野话却给了我许多帮助，增加了故事中人物的色彩和生命。（沈从文《从文自传》）

预备兵

就在沈从文进入高小那年，蔡锷将军在云南省组织护国军讨伐窃国大盗袁世凯，此举威震天下；连湘西凤凰这么偏僻的小城也受到了刺激，地方上认为军队再不改革就不能够存在了。

凤凰镇守署决定改革从设立四个军事学校开始，它们是：一个军官团，一个将弁学校，一个学兵营，一个教导队。军事学校按较新的方式训练：列队操练，打靶射击。一队队的军校青年学生结队成排地在街上行走，神气得很。小孩子们，甚至本地的商人们都觉得军事学校有出息，风气好。从此凤凰气象一新。

一个与军官团的教官做邻居的人，希望这教官饭后课余也能教教自己的孩子，于是凤凰就办起了个预备兵技术班，开张不过半个月，那些受到训练的小孩子就跟过去不一样了，个个精神饱满、强悍。沈从文班上的一个同学也参加了预备班，他把情况告诉了沈从文，问他愿意不愿意去，还告诉他，参加技术班的，两个月考选一次，考取了可以补上名额当兵。沈从文决定回家征求母亲的意见。

这时，沈从文的父亲在外面有了消息，大哥受家中委托，千里迢迢去寻找父亲。母亲更加管束不了这个四处撒野的孩子。她心想，技术班里规矩很严，正好代她管束儿子。将来还有机会考兵谋份口粮，又何乐而不为呢？母亲立即答应了。

沈从文穿着母亲赶制出来的一套灰布军服被带到一位姓陈的教官面前。这位陈姓教官很是威严，好像永远挺着胸脯走路。他翻杠子的技术极好，得过全省锦标。沈从文每天都看见他在天桥上竖蜻蜓，用双手走四五个来回；在单杠上打四十多次大回环，一点也不费力的模样。沈从文心里佩服极了，在他眼中，陈教官简直就是新式黄天霸。

在技术班里，训练是极严格的，操练的姿势稍稍不合要求，教官当胸就是一拳。军容风纪略有疏忽，就得吃巴掌。每天训练走正步、跑步、跪下、卧倒，碰到地上有泥有水，二话不说，照样跪下、卧倒。跳木马时，如果摔倒在地，也不能哼上一声。技术班还学打靶、白刃战，还教授些射击学、筑城学等种种艰深知识和不顺耳的陌生名词。

沈从文原来是个瘦弱的孩子，技术班的训练，使他的体格结实了许多，同时也磨炼了他的性格。

穿着灰布军装、经过训练的沈从文是很神气的。每天吃过晚饭，沈从文都和小伙伴相约出城去。他们有意挺着小胸脯，气昂昂地并排走着。城门边有个卖牛肉的屠户，一看见他们就有意拿腔拿调地逗他们，喊他们"排长"，守城的老兵也故意做着鬼脸，说几句玩笑话。

沈从文自以为已胸怀大志了，他一点不把这种玩笑放在心上。平时父亲给他讲的祖父的种种英雄事迹，这时都在身上起了作用。他认为自己不爱读书，现在国家又发生了革命，废除了科举，中状元是毫无希望了，但当将军不是不可能啊！他每天都生活在当将军的想象中。

训练了几个月，城中营里守兵真的有了缺额，预备兵们一起参加了考试。这样的考试沈从文参加过三次，都没能考上。得失倒也不怎么使家里人失望，母亲看见沈从文每天能够把军服穿得整整齐齐地去技术班操练，而且还懂得了许多军人的礼节，似乎走上了正路，心里已欣慰了许多。

沈从文在技术班待了大约八个月时，陈教官被镇守使看中，调去当了卫队团的营副，学校便无形解散了。

沈从文又回到了过去的生活状态，一边上学，一边在外面野。这年秋天，他小学毕业了。

这时家中的景况一天天坏下去，沈从文的父亲沈宗嗣在守天津大沽时有个习惯，常把家中值钱的"宝物"都带在身边，其实就是珠宝首饰一类的东西。一仗打败，逃命时把宝贝全都弄丢了。沈宗嗣为躲避袁世凯的追杀，多年在外欠下了一屁股的债，写信叫家里典田还债，到后来，家里的一点田产都典卖光了。

祸不单行，这年沈从文的二姐又死了。

接踵而来的打击使沈从文的母亲将世事看开了许多，决定让二儿子沈从文到社会上去学习生存，学习做人。沈从文的母亲找到一位家住城里的姓杨的军官，谈了自己的打算，杨军官答应收下沈从文，以补充兵的名义，跟部队同去辰州（今沅陵）。

一九一七年七月十六日早晨，沈从文背了个小小的包袱，离开了家，开始进入了一个更大的社会学校。

军营生活

离开了家中的亲人，到什么地方去，去了又将做些什么，十五岁的沈从文一点也不知道。这个年龄的孩子似乎还不大能体会到与家人分离的痛苦，有的只是初离开本乡本土时渴慕自由的兴奋与快乐。

家里人怕沈从文受冻，包袱里放了较多的衣服，与三百多名士兵一起上路的沈从文，刚走了一点路，就被这些衣服累坏了。第一次走这么长的路，背上的包袱越来越沉，脚上全都打起了水疱。渐渐地，沈从文被落下了队伍。后来同行的一个脚夫见沈从文人小包袱大，怪可怜的，就将他的包袱挂到自己的担子上去了，这下沈从文才能跟上队伍。

很让沈从文受刺激的是，自他在队伍中行走，碰到过不少熟人，有坐在轿子里的凤凰城里的女孩子，有骑在白马上的长官。可这时他们仿佛都不再认识沈家这个二公子了。沈从文明白自己现在只是个小小的补充兵，与他们的身份不再平等。沈从文只能悄悄躲避开这些熟人。

走完陆路走水路，队伍最后到达辰州。沈从文被编入支队司令的卫队。卫队都是补充兵，年纪大的约二十二岁，小的只有十三岁。每天需做的，只是大清早起来做操跑步，下午无事可做，便躺在草席上唱军歌。睡的是硬板床，吃的是陈年的粗糙米饭。沈从文因为有在预备兵技术班学来的军事知识，不久便做了班长。

每次出完操，那个苗人吴姓连长照例要训一通话："我们军人，是为了卫国保民的。初来辰州客军很多，一切都要顾到脸面。外出时制服要整齐，扣子要扣齐，腰带弄紧，裹脚缠好。犯规矩的人，要打屁股。"然后大声问道："听到了没有？"大家齐声回答："听——到——了——"既然全听到了，叫一声"解散"，大家便散了。

和沈从文一起来当兵的，大都是从小地方来的，胆小怕事，小心谨慎，几乎没有谁挨过打。

过不久领到了枪。无事可干时大伙便坐在太阳下擦枪。有时司令官出门拜客，选派二三十人护卫，这种情况毕竟很少。沈从文天性好动，免不了四下走动。辰州河街是最让沈从文喜欢的地方，许多铺子一家连着一家，卖各式有趣的物件，如硬木琢成的小鱼篓、小刀、烟嘴……沈从文每次去总蹲在那里看个半天。他还常常同团长的马夫牵马去草地上放马，让马自由自在地吃草，他和马夫各人说各人过去的有趣见闻。营里三个小号兵也与沈从文混熟了，他们去练习吹号，沈从文也跟着去玩。

城门洞里有个卖汤圆的，常常有士兵坐在摊前的长凳上，把热热的汤圆往嘴里送，遇到本营的军官经过，按规矩是要行礼的。他们便一面赶紧放下手中的土花碗，一面急急忙忙站起举手，嘴里含含糊糊地喊"敬礼"，样子滑稽极了。连平时很威严的军官也忍不住笑了起来。

此时的中国，袁世凯在北京已做完了他的百日皇帝梦，在全国人民的讨伐声中一命呜呼了。各地的大小军阀拥兵自立，争夺地盘，全国一片混乱。

辰州这时成立了一个湘西联合政府，驻扎了三个部队。辰州全城人口不过五千户，军队竟有二万人。各种钞票发行过多，每天兑现时，总有小孩和妇女被践踏而死。每天领军粮，各部队争先恐后，相互殴打伤人，也是极平常的事。军队的庞大开支全靠湘西二十多个县供给，成了人民不堪忍受的负担。加之军队纪律很糟，军民关系形同水火。不久，沈从文所在的第一支队被派往芷江去"清乡剿匪"。

两个团的队伍，水路走了七天，旱路又走了三天，每到一个寨堡，都受到有钱地主的好菜好饭招待。但在山中小路上，却受到了当地人冷枪的袭击。队伍当时行进在长满山竹的狭径中，猛听一声枪响，队伍中就倒下去一个，大家大乱，狂呼："打死人了，打死了啦！"跑到竹林中去搜索，却一无所获。没办法，只好砍了两根大竹子，把死者抬着，又上路了。第二天，队伍又遭当地人冷枪，转眼间又倒下去两个。

到了驻扎地榆树湾，各处团总就捆来了四十三个老实的乡下人，部队连夜过堂，打板子、上夹棍。按呈案的罪名询问几句，就让他们画供，取手模，第二天一早就砍了二十七个乡下人的头。

以后便每天杀人。把人从各乡抓来，愿意缴纳捐款的，可以取保释放，无钱捐的，或者仇家已花钱运动过必须杀头的，就随便捏个罪名，牵到市外砍头。部队还利用乡绅间的矛盾，抓有钱的团总回来，罚一笔钱再放了，这叫"吊肥羊"。

四个月后，部队移防到了一个名叫怀化的小镇。因沈从文识字，还能写，部队里填造枪械表需要这种人，就让他当了个司书。

怀化镇是个只有百十户左右的小镇，唯一较大的建筑是一所祠堂，部队就驻扎在祠堂里。部队的司令官军法长似乎还是除了杀人没别的事可干，当兵的呢，仍然是除了看杀人，也没有什么可做的。

杀人时，军法长马马虎虎宣布一下罪状，在预先写好的斩条上，勒上一笔朱红。士兵们簇拥着犯人出大门，在桥头大路上就砍了他的头。军官们，通常是副官、参谋们都站在桥栏旁看热闹。如果被杀的那个人有一点与众不同处，如招供爽快，或临刑时面不改色，或痴呆得不知被杀，或头砍了身仍不倒地的，都成了这些人的谈资。

每天晚上都要拷打犯人。做了司书的沈从文要坐在一旁"录供"，把那些乡下人在受刑不过的情况下胡乱招出的口供记录在公文纸上。沈从文常常看见士兵们打犯人脚上的螺丝骨，在脚下垫上一块方铁，二十来下，犯人一只脚的骨髓就被打出来了。还有用香火熏鼻子、烧胸肋等酷刑。兵士们把打昏死了过去的人手掌上涂了墨，在公文空白处按个手印，让沈从文把公文拿回去整理，这个人第二天就被拖出去砍了。

白天在街上行走，常常可以看到几个士兵，中间一个十二三岁的小孩，挑着两个人头，这人头常常就是这小孩的父亲或叔伯的。真是人间惨景！

司书的工作并不多，只是记录记录，写点公函呈文之类的文字。沈从文逐渐与一群副官、参谋、军需、司务长等下级军官混得很熟。这些军官中有的会作诗，有的去过日本留学，有的当过知事，都算是知识分子，却因为司令官不识字，所以大家每天只是陪着他打牌、喝酒、烧鸦片烟。

司令官手下有个军法长，叫肖选青，人又高又胖，据说肚子里颇有学问。一天他看见沈从文，便问：

"小师爷，你叫什么名字？"

"沈岳焕。"

"哈，岳焕，岳焕。焕乎，其有文章！"他晃着脑袋，拖着私塾先生念古文时的腔调，"我看，你就叫崇文吧。"

沈从文便改名为崇文，以后自己又改为从文。这次改名，似乎喻示着沈从文今后会弃武从文，走上文学之路。

对沈从文弃武从文、走上文学道路起了很大作用的，是沈从文在怀化遇到的一个人。他是从外地调来的秘书，姓文。他小小的个儿，脸白手白。一来便穿着青缎马褂各处拜会，在这群视人命如草芥、杀人当乐趣、满口脏话野话的兵痞子中，简直就是一个异类。

文秘书对谁都客客气气，轻言细语，别人开口说粗话时，他只微微笑着，不吭声。等和大家熟了些，有一次与沈从文几个人在一起说话，听着沈从文一口一个"老子"地说着，便轻轻地摇起了头："啊呀呀，小师爷，你人才这么点大，一说话就老子长老子短的！"

"老子不管，这是老子的自由。"沈从文话一出口，看看文秘书和气的样子，有点不好意思了，"这是说着玩的。"

文秘书说："莫玩这个，你聪明，应当学好的，这个世界上有很多好事情可学。"

无知的沈从文把头一偏，说："那你为老子说说看，老子再看看什么好学就学什么吧。"

沈从文便与文秘书交谈起来，改不了口的沈从文再说到"老子"时，总不免气短，声低了好多。

沈从文给文秘书讲山里的趣事，文秘书却把沈从文带进了另一个世界。他讲火车、轮船、电灯、电话是什么样子，美国兵英国兵穿的衣服式样，还告诉沈从文鱼雷艇、氢气球是什么。沈从文觉得新奇极了。

短短的时间里，沈从文和文秘书成了无话不说的好朋友。有一天，文秘书打开自己的行李箱晾晒东西，沈从文看见有两本厚厚的书，字很细小，封面上写着"辞源"两个字。文秘书见沈从文发呆，就说："小师爷，这是宝贝，天下什么都写在上面，你想知道什么，我马上可以给你找出来。"

沈从文想试一试，四下望望，一眼看到戏楼下诸葛亮三气周瑜的浮雕木刻，便问："诸葛孔明卧龙先生怎么样？"

文秘书立即前翻翻，后翻翻，一会儿就找出来了。沈从文又惊奇又快乐，要自己学着翻。文秘书十分爱惜他的书，一定要沈从文去洗了手，才让他翻书。

文秘书看沈从文对《辞源》爱不释手，便问他是否看过报。沈从文回答："老子从不看报，老子不想看什么报。"文秘书却从《辞源》上翻出"老子"这一条来，沈从文这才知道老子就是太上老君。太上老君竟然是这个世界上真有过的人物。以后沈从文再也不称自己是老子了。

沈从文对文秘书说的报纸有了兴趣，便和另外几个人合伙订了一份《申报》。从报上沈从文知道了许多事情，也认识了好些生字。

文秘书对自己的《辞源》十分宝贝，平时放在箱子里，沈从文不能随便翻看。他只好从别人手里借来了《西游记》《秋水轩尺牍》等书看，偶尔文秘书也把《辞源》借给他翻翻，他才懂得了"氢气""参议院""淮南子"为何物。

不久，队伍又撤退回辰州，后又开拔到川东。因沈从文年龄尚小，长官便命令他与一个老年副官长、一个跛脚副官、一个吃大烟的书记官连同老弱兵士二十人，留在后方。文秘书也与大部队一起开走了，沈从文觉得很寂寞，连个说话的人都没有。

他常常爬到城墙上去看卫队上操，或看教会中学的学生玩球，一看就看上大半天。有时他望着日头下自己扁扁的影子，有说不出的无聊。有时沿着城墙无目的地漫游，碰见穿花衣的女孩子走过来，就会有人喊"有兵有兵"，她们便很紧张地赶快走过。每逢这时沈从文心里便十分地委屈，认为自己是个读书人，和那些兵痞不一样，不应当被人厌恶。可自己有什么方法能使认识的人给自己一份尊敬呢？沈从文这时便想起了那两本厚厚的《辞源》，想起了几个人合订的《申报》……

时间不知不觉过去，又到了过年的时候了，川东传来的消息却越来越坏：部队与当地"神兵"接了火；部队退回湖南。第三次消息却是：部队全军覆没了。

原来，有一天凌晨，部队还在熟睡中，当地的"神兵"和民兵一起偷袭了队伍。营长、团长、旅长、军法长、秘书长、参谋长统统被杀，全军除了一个团先行在湖南境内的龙山布防，其余的人谁也没有逃脱杀身的厄运。这个消息开始都不能让人相信是真的，留守在辰州的老副官长亲自跑到军部去核实，才知道只有他和二十几个留守的人命大，在这场劫难中死里逃生。

部队打散，熟人都死光了，留守处也没什么用处了，沈从文和其余人一样，领了遣散费，回到了自己的家中。

第一次恋爱

　　沈从文回到凤凰，待了有半年。家里景况比两年前出门当兵时更加窘迫。父亲仍然没有回家，哥哥北上寻父也没有回来，田产都典光了，母亲不得不将家中的房子卖掉。已经懂事的沈从文决定分担母亲的负担，外出谋生。

　　他投奔到芷江刚卸任县长的舅父家中。不久舅父当了芷江警察所所长，便安排沈从文当了警察所的小办事员。沈从文的职责是每天抄写违警处罚的条子，每天黄昏牢房点名时，沈从文必定要同一个巡官，拿着点名册，进牢房点警察所寄押的犯人。不久，警察署从地方财产保管处接收了本地的屠宰税。沈从文又兼任了收税员。

　　芷江还有一门亲戚，是沈从文的姨父。他是担任过民国政府总理的熊希龄的七弟，在芷江有钱有势，是本地的绅士领袖，谁也不敢得罪他。

舅父与姨父经常在一起作诗，沈从文就站在一旁看，自己虽不会作，但也看出点门道，舅父和姨父的诗作成了，沈从文便替他们抄诗。为了赢得他们的夸奖，沈从文越加勤奋地练习写小楷字帖。

最吸引沈从文的是姨父家的老宅中，有间几乎荒废的图书室。沈从文在这里用了整整一个夏天读书。他贪婪地读了《史记》《汉书》《天方夜谭》，还有林纾翻译的狄更斯小说《贼史》《冰雪因缘》《滑稽外史》《块肉余生述》等。这些翻译作品在沈从文的面前展开了一个崭新的世界，他发现作品中所记述的艰难世事以及苦命孤儿的种种挣扎，与自己的经历遭遇有着不少相似之处。读着读着，书中的人物命运渐渐与沈从文的情感产生了共鸣，看到书中人物大都有好的结局，他不禁对自己的前途命运有了憧憬。沈从文还特别喜欢西方小说中那种隐藏在故事情节、社会现象中的人道主义情感，这和中国书中直言不讳的说教成了强烈的对比。

在芷江人的眼里，沈从文是个好学上进的青年人。他办事认真稳重，税收工作有条不紊，抄诗很工整。他的工钱已从十二千文加到了十六千文。他还学会了刻图章，写草书，作一点半通不通的五律、七律诗。这时，母亲已把凤凰家中的房屋卖掉了，还清了债后只剩下了几千块钱。在故乡凤凰，母亲觉得没脸面再去租房住，知道二儿子沈从文做事做得不错，加上芷江亲戚又多，就带着最小的女儿九妹投奔儿子来了。

卖房的钱还剩三千块，母亲统统交给了沈从文，沈从文就把钱存到了芷江的钱庄里。芷江的人都知道沈家是湘西有名的旧家，沈母又是芷江最有势力的熊府上的大姨，沈从文明事理有作为，家里还有钱存钱庄，应该是要面子有面子、要钱有钱、要人才有人才的最佳女婿人选。所以当地几个颇有地位的绅士财主都请姨父征求沈从文母亲的意见，姨父总对别人说："这事不慌，再等等……"其实他自己另有打算，想把自家的女儿嫁给沈从文，来个亲上加亲，沈从文的母亲这时真以为沈家的转机就要到了。

一九三二年，沈从文回忆自己十八岁时的情形时说：

假若命运不给我一些折磨，允许我那么把岁月送走，我想象这时节我应当在那地方做了一个小绅士，我的太太一定是个略有财产商人的女儿，我一定做了两任知事，还一定做了四个以上孩子的父亲；而且必然还学会了吸鸦片烟。照情形看来，我的生活是应当在那么一个公式里发展的。(沈从文《从文自传》)

然而沈从文把这些机会都扔在一边，又一次让母亲失望了。

事业刚刚有些好头绪，做警察所所长的舅父害肺病去世了。沈从文的税收工作改作团防局管理。在新机关里沈从文认识了一个白白脸儿高高个子的男孩。很快就和他交上了朋友。

一天，男孩对沈从文说：

"我姐姐要我带你去我家玩，去不去？"

沈从文很惊讶，说：

"你姐姐怎么认得我？"

"唉，沈家少爷，芷江谁不认得你？"

一番话说得沈从文又得意又不好意思。沈从文去过男孩家几次，一个白白脸庞苗条身材的女孩子的身影就经常出现在沈从文的脑海中。这时的沈从文已十八岁了，正值青春期，对异性朦胧的憧憬，使他以为自己爱上了这位姑娘，加上姑娘弟弟那个白脸男孩常常在沈从文面前说自己的姐姐也爱上了沈从文，更让沈从文魂不守舍，他没日没夜地给女孩写情诗，让白脸男孩转交给他姐姐。男孩告诉沈从文，他姐姐喜欢他的诗。这更让沈从文疯狂。

当地的乡绅渐渐知道了这件事，许多人都来劝沈从文不要那么傻，那个女孩子并不适合他。立即有人提了四个姑娘，当着沈从文母亲的面，让沈从文挑选。这四个姑娘都是芷江有名望人家的姑娘，种种条件都在白脸姑娘之上，这点沈从文自己也明白。但他决定忠实于自己的"爱情"，一个也不答应。沈从文的母亲了解自己的儿子，似乎预感到儿子还应经历许多磨难，她只是微笑，不说一句话。

沈从文的第一次"恋爱"很快就告终了。在白脸男孩为沈从文传递情诗时，他总来向沈从文借钱。今天借，明天还，后天又借，大后天又还了。没多久，沈从文发现母亲卖房所剩的三千块钱，有一千多不知去了哪里，他算来想去，都无着落。而那个白脸男孩再不来为他姐姐传递情诗了，团防局也消失了他的踪迹。

这时沈从文明白了，他上当受骗了。他的"爱情"与那一千多元钱统统消失了。

一千多块钱，在沈家是笔巨大的数目，沈从文心里十分害怕，他再也没心思做任何事，天天盘算着怎么处置这件事，怎么向母亲交代。思来想去，仍没有办法。他觉得再也无脸面对母亲，面对芷江的亲戚和乡绅们。最后，他选择了逃跑。

他给母亲留下了一封信，说自己做错了事，对不起她，决定不再回来。

他把剩下的钱全部留给了母亲，自己只带了几件换洗衣服，搭上了一条开往常德的船，悄悄离开了芷江。

在常德

　　沈从文本打算走得远远的，到一个没有人知道自己所犯的种种过失又让自己忘却愚蠢的"爱情"的地方去。可船一到常德，便有个人把他留了下来。

　　沈从文在寻找客栈时，竟然遇见了自己的表哥黄玉书。黄玉书从常德师范学校毕业，曾跟随他父亲跑过北京、天津等许多大地方，但哪里都没找到工作，只好又打道回府，在常德寻找机会。

　　表兄弟见面，十分快乐，黄玉书知道了沈从文出走的原因和打算后，对他说：

　　"这点点事有什么要紧，老弟，振作点。要去远地方也不急这一会儿。先陪我在常德住一阵子，以后我陪你去，两人同去也好互相照应照应。"

　　沈从文听了表哥的话，随他在小客栈里住了下来。

两人名为等机会找工作，实为本地人所说的"打流"。每天无所事事，除了在客栈里吃饭、睡觉，便把常德的大街小巷、河边码头逛了个够。

沈从文最喜欢逛的是一条两里长的河街，那里有客栈、花纱行、油行、铺子……他每天都要在河街上走上一两回，随意欣赏自己感兴趣的事。

那个小小的理发馆，每次路过，都能看到几个又圆又大的脑袋，带着几分呆气在那里让剃头师傅刮脸，或歪着头，对着阳光，让剃头师傅掏耳屎。几家供水手玩乐的妓院，常常有三五个大脚女人，穿着蓝印花褂子、红洋布裤子，油头粉面地坐在门口嗑瓜子，见到过路的人就眯着眼睛笑，还用麻阳人的腔调轻轻地唱歌。街上长大的孩子，大白天三三两两捧只红冠公鸡，身后跟只大肥狗，街头巷尾地寻找斗鸡的对象。一见到什么人家的公鸡，就把怀里抱着的鸡远远抛去，自己站在一边观战。若自己的鸡斗败了，必定走上前去踢别人的鸡一脚出出气，或找个理由，和对方打上一架。有船到了，街上便到处都是水手，他们不是提着条干鱼，就是扛了个大南瓜，急匆匆地去给亲戚朋友家送礼。

街上卖糕的敲竹梆，卖糖的打小锣，为了引人注意，都会唱一些淫荡的小调，同女人身体的某些部分相关。街头唱木偶戏的"当当当"敲起锣来，许多人便张大了嘴巴围拢过来看，等到收钱时定一哄而散。丢了东西的女人，会坐在家门口的矮木凳上一面哭一面乱骂，手中还拿把菜刀在木板上乱砍……

沈从文在河街上走来走去，看这些人如何生活，如何快乐又如何忧怨，这样他才仿佛自己也得到了一点生活的意义。

有时沈从文还跑到码头上去，看那些从长沙从汉口来的小轮船，看那些学生模样的青年男女上下船，还看他们那些贴着北京上海各地旅馆标签的行李，由此来判断他们从哪里来，到过哪些地方。

如果遇到下葬的队伍，沈从文也会悄悄跟在后面，看常德人下葬的方法与湘西凤凰有什么异同。

这些活生生的地方文化，让沈从文充满了兴趣地关注着，领悟着它们的内涵意义。他还经常找些身份低微的染坊工人、马夫谈话。这些普普通通的攀谈却给沈从文留下了深刻的印象，以至到后来，沈从文进了大都市，成了大作家，还这样回忆道：

到他们身边时，我们谈到的问题，实在就比我到一个学生身边时可谈的更多。就现在说来，我同任何一个下等人就似乎有很多方面的话可谈，他们那点儿感想，那点儿希望，也大多数同我一样，皆从实生活取证来的。可是若同一个大学教授谈话，他除了说说从书本上学来的那一套心得以外，就是说从报纸上得来的他那一份感想，对于一个人生命的构成，总似乎短少一点儿什么似的，可说的也就很少很少了。(沈从文《从文自传》)

在常德的这段日子里，沈从文还常常想起在芷江所做的愚蠢事情，他写信给母亲，请求她老人家的原谅和宽恕。母亲看了他充满自责与忏悔的信，回信说：

已经做过了的错事，没有不可原恕的道理。你自己好好地做事，我们就放心了。(沈从文《从文自传》)

接到母亲的信，沈从文跑到城墙上悄悄地哭了一通。他能够想象到，母亲写信时眼泪挂在脸上的模样。

这时，他还听到一个消息，那个唤起他心中恋情的白脸姑娘外出读书时，在船上被土匪抢到山里去做了压寨夫人。得到这个消息，沈从文心中怅然若失，他学着古时失意的墨客骚人的样子，在客栈的墙壁上，题写了两句唐人传奇小说式的诗，"佳人已属沙吒利，义士今无古押衙"，以抒发自己的感慨。后来女孩家里花了一笔很可观的钱把她赎了回去，随即便把她嫁给了一个黔军团长，但不久团长又被枪毙，这个白脸女孩不知是看破了红尘，还是走投无路，最终进了芷江的天主教堂做了一个洋尼姑（修女），侍奉天主去了。

沈从文与表哥在小客栈一住就是五个月，生活全靠黄玉书的父亲汇来的二三十元钱接济。他们俩学会了欠账。客栈的规矩每五天结账一次，没钱时两人就支吾过去。老板娘对他们越来越冷淡，一到吃饭时就指桑骂槐地发牢骚。弄得沈从文一到吃饭就心惊肉跳，怕与老板娘见面。

表哥黄玉书生性豁达，凡事放得开，且特别能苦中作乐。这时他认识了常德一所小学的教员杨光蕙小姐，两人都是学音乐美术的，很有共同语言。一来二去，两人心中都燃起了爱情之火。黄玉书不善写信，便央求沈从文代笔，给杨小姐写情书。沈从文推辞不过，只得从命。两个月里，沈从文差不多写了三十多封信，替表哥跑腿送信三十多回。这些情书，不光黄玉书满意，连杨小姐也几次对沈从文说，黄玉书还真有点文才，信写得很好之类的话，让沈从文想笑不敢笑，含含糊糊敷衍了过去。

沈从文代写情书最终促成了一场百年之好的姻缘，这是后话，沈从文当时并不知道。他代写情书，对他后来成为青年们争取恋爱自由、破除封建老套的代言人，正是个序曲。

当沈从文、黄玉书两人在常德到处谋求职业时，他们遇到了一位有名的人物——贺龙。贺龙当时在湖南西北一带，是个有名的罗宾汉式的军人，驻扎在离常德九十里的桃源县，是当年陈渠珍指挥的清乡部队的一个支队司令。黄玉书托一个同乡（贺龙的拜把兄弟）写了介绍信，然后两人坐了小轮船去桃源见贺龙。贺龙很爽快，立即答应给黄玉书一个一月十三元的参谋差事，让沈从文当月薪九元的差遣，可黄玉书当时正在热恋中，不愿离开常德，所以两人都没去上任。

在桃源，沈从文还碰见了清乡部队保靖总部派来做译电的表弟聂清。贺龙的差事虽没去做，沈从文却去表弟处玩了几次。沈从文惊讶地发现，他参加过的清乡部队，面貌完全变了。枪械、纪律，完全不像过去那样马虎，士兵们仿佛都十分自重，每个军官服装都很整洁，在街上挺着胸膛走路。平时无事不许士兵外出，职员们办公休息各有定时，官兵们虽然过着简朴的生活，却极有朝气。沈从文还了解到，军队之所以面貌一新，全在于统领官陈渠珍以身作则，致力革新。沈从文对这支部队充满了好感，他重新当兵的愿望又强烈了起来。

就在这时，有一艘运军服的帆船正预备从常德去保靖，押送这艘船的人是沈从文哥哥过去的朋友，姓曾。表弟聂清正好也要回保靖总部去，沈从文怀着对陈渠珍的几分敬佩，决定去保靖军队里谋一碗饭吃。于是三人同行，一起乘上这艘船，上路了。

第二次从军

从常德到保靖有七百余里水路，正值严冬季节，帆船在沅水中行进，寒风扑面，简直冷到人的骨髓里去了。

沈从文的行李只有一个用面粉口袋改作的小小包袱，好在船上装满了崭新的棉布军服，把军服摊开，三人就躺在上面，既舒服又暖和。

上船时，沈从文口袋里只有一块七毛钱，而聂表弟有二十块钱。他们实行临时的"共产主义"，可船行还没到一百里，他们所有的钱都已花光了。尽管如此，三个人仍十分快乐，有说有笑，各人躺在温暖软和的棉军服上，听曾大哥说着粗野的故事，喝着寒冷的江风，真正到了应吃饭的时间，就用最辣的辣椒蘸盐水下饭。

曾大哥没读过多少书，性格却爽直、勇敢，很有军人味。他说起故事来，非常生动，令人神往。

　　我到后来写过许多小说，描写到某种不为人所齿及的年轻女子的轮廓，不至于失去她当然的点线，说得对，说得准确，就多数得力于这个朋友的叙述。一切粗俗的话语，在一个直爽的人口中说来，却常常是妩媚的。这朋友最爱说的就是粗野话，在我作品中，关于丰富的俗语与双关比譬言语的应用，从他口中学来的也不少。（沈从文《从文自传》）

　　沅水河滩极多，每到滩上，河槽容船处都十分窄，船夫只得下到刺骨的江水中拉纤。为减轻小船的重量，三人也下船到岸上去走，风雪、寒冻统统不怕。

　　从常德到保靖的七百里水路，共走了三十二天。离目的地还有七十里，帆船出了险，触到了大石断了船缆。右半舷已全破碎，五分钟船就进满了水，幸好船中装的是军服，一时没有沉没。三人随船在急水中又漂浮了三里，大家急得手足无措，怎么也没法使船安全泊岸。幸好最终老天保佑，船渐渐靠近浅水处，拉纤的船夫都赶来了，一切才化险为夷。

在保靖，沈从文住在另一个在军队中当书记员的表弟那里。保靖军队中沈从文的熟人虽比较多，但地位都很卑下，谁也帮他说不上话。沈从文当时的理想就是到陈渠珍的身边去当一名护卫，若不行，在其他军官身边也行。朋友们都热心地帮助他，这人拿来一套军服，那人拿来一根皮带，第三人再借来双鞋子，让沈从文穿戴打扮得很像一个有教养懂规矩的士兵。然后由表弟带着他去军法处、参谋处、秘书处等各处拜会高级办事员，哪儿的回话都是"等等看，我们想法"。时间一天天过去了，将近半年，仍无结果。沈从文自己琢磨：这些人都认识他的爸爸沈宗嗣，或许是不好意思让他来为他们当差。

谋职的日子过得异常艰苦，沈从文身上无钱，只得一到吃饭时间，就赶紧跑到同乡熟人那里去，不问情由不问地方，只要有饭吃，拿起碗就吃。晚上和表弟钻一个被窝，抵足而眠。周围这帮朋友都是差不多的年龄，大家有苦同当，有福同享，尽力帮助沈从文，让他亲亲切切地感到了真朋友永远不忘的友谊。

住在表弟处的沈从文，几个月下来，与所有的书记员都熟透了。他们忙时沈从文就主动上前帮忙，写点不重要的训令和告示。有一天，沈从文正在写一件信札，一位姓熊的高级参谋正好路过，见沈从文面生，问他是什么名义。沈从文心里发慌，以为要受到责备，忙怯怯地说：

"我没有名义，我是在这里玩的。帮他们忙写这个文件！"

书记官也上前打圆场，说沈从文字好，以前做过司书，还告诉熊参谋沈从文帮了他们许多忙。

熊参谋拿起抄件看看，果然字很工整，行文款式一丝不苟。他点点头，又问清了沈从文的姓名，随即就把他的名字报了上去。当天，沈从文被批准当了四块钱一月的司书。后来沈从文才知道，这熊参谋是自己儿时玩伴熊澧南的哥哥。

饭碗有了着落，沈从文做事格外卖力认真。他迅速成为所有书记员中最突出的一个。他的字好，且抄写文件时发现上面有错误，能及时纠正；款式不合有斟酌的地方，他也看得出，说得出。因此，别人都对他刮目相看。

因以前的练字让沈从文得到了甜头，他愈发认真地临帖、练字。他当时觉得世界上最让人敬仰的是王羲之。他把薪水一点点攒下来，汗衫都舍不得买两件，五个月里居然买了十七块钱的字帖。

过足了烟瘾的文书主任常常用两句廉价的夸赞，"老弟，你的字真是龙飞凤舞，这公文你不写谁写"，让沈从文在夜深人静时，在煤油灯下，一字一字地赶抄公文或报告。

到后来我能在桌边一坐下来就是八个钟头，把我生活中所知道所想到的事情写出，不明白什么叫作疲倦，这份耐心与习惯，都出于我那做书记的习惯和命运。（沈从文《从文自传》）

不久，沈从文就因工作能力强，被调到了参谋处服务。参谋处的工作是每天抄写训令、命令，不问早晚，抄完为止。有时文件多了些，其他部门的书记就来帮忙。若正好碰到十号发饷，同事朋友们必定各自出一份钱，去买狗肉来炖，或轮流做东，去面馆吃面，遇到好的天气，还会结伙去保靖城四周的山里玩。

军队附近有一座小山，没有什么正路，爬到山顶需要经过不少险恶之处。为了看到保靖各处的风景，沈从文和同乡朋友们不管如何困难总能爬到山顶。山坡四周葬了许多小坟，差不多每天都有一具小棺材或是蒲包裹好的小尸首送到山上来埋葬。埋葬时，远远近近就蹲了无数的野狗与小狼，它们的眼睛熠熠发光，只等人一走开，就扑过来扒开坟，把尸体吃掉。这地方的狼特别地多，所以沈从文和伙伴们去爬山，手里都得拎根大木棒，可打狼可自卫。这些狼大白天见到人并不逃跑，只是静静地坐在坟头望着你，它们牙齿白白，眼睛亮亮，若对它们扔石头，它们才拖着尾巴向深山里跑去。

这山间有狼有虎。每当月晦阴雨天，长长的狼嗥声像水似的各处流动，悲伤而忧郁；虎叫却很威风，"昂"的一声，山谷中的回声久久不散。沈从文和同事们躺在床上，听着夜晚的虎狼声，都已习惯，每人担心的只是怕老虎或豺狼会从窗户跃进屋来，因此每天临睡前都小心翼翼地把窗门关好。有一次，果真有两只狼来爬窗子，放哨的士兵发现了，怕开枪惊了大家，就用刺刀捅它们，据说这两只狼可是大模大样、从从容容地从中门并排地走了。

日子一天天过去，在沈从文看来，这群士兵们都各自在收入卑微的位置上认真地做事，生活是十分健康和自然的。收入极少，却不吝啬。钱，甚至是在一些胡闹的场合就花去了。大家都不大关心钱的用处，都在敞开自己赤裸的身心，真真切切地去接近生活、体验生活、体验人生。

山大王

部队要派人去川东填防。有同乡来找沈从文，问他有个去四川的名额，文件收发员，月薪九元，愿不愿意干。还告诉他，若愿意去，由他来同参谋处商调，将来回湘时再回原处，毫不费事。

听说可以去四川，沈从文又激动又高兴。他想，当初当补充兵时，若是跟着部队开到四川，没有留守，自己的骨头早就腐烂了。这命，就好像是捡来的，这次就是被子弹打死了，也不碍事。另外，他一直有个心愿，想看看巫峡。沈从文的两个朋友从书上知道了巫峡的名字后，徒步从宜昌沿江上重庆。他们回来后眉飞色舞地跟沈从文说起巫峡的高、大、险，那种种趣味，实在让沈从文神往倾心。他心想只要去了四川，再去巫峡就方便多了。

沈从文立即答应了同乡，不管给多少钱，不管什么位置，都愿意去。三天后，他便随着人马上路了。

　　沈从文新的职务是机要文件收发员。临动身时每人可以向军需处支领一月薪水。拿到了九元钱，沈从文买了一双丝袜、半斤冰糖，其余的钱都扎在背包里。当时天气很热，还用不上棉被，为方便行军，沈从文把两条旧棉絮送了人，背上了自己的全部财产上路了。这全部财产是：旧棉袄一件，旧夹袄一件，手巾一条，夹裤一条，袜子一双，鞋子一双，白布单衣裤一套。再有的就是：《云麾碑》《圣教序》《兰亭序》《虞世南夫子庙堂碑》，还有一部《李义山诗集》。这些碑帖比他的衣裤值钱得多。

　　湘、黔、川三个省份的接壤处，实在有许多秀丽的自然风光，沈从文一边跟着大部队行军，一边欣赏大自然的奇观。一次筏渡，青青的毛竹扎成的竹筏在静静的溪水中游动，两岸是夹竹林高山，让人感到无比地幽静。十年后，这极其鲜明的印象和感觉还留在沈从文的记忆中，他把这感觉写进了小说《边城》中。

　　有个叫棉花岭的地方，上三十二里，下三十五里，这个山坡把部队折磨了一整天。可是分段分层慢慢爬上这样一个高坡，从岭头朝下望去，云雾缥缈，无数小山包在薄纱中若隐若现，那似若仙境的画面，十多年后仍然让沈从文神往激动。

在四川边境路过一个贸易集场，据说旺季这儿每次都有五千头牛马的交易。还经过一个古寺院，看见十来株六个人也抱不拢的古松树。寺中南边有一个白骨塔，塔顶形似穹庐，用刻满了佛像的石头砌成。塔底有一圆坑，呈锅底状，里面人骨零乱，据称有千百具，有些腕骨上还套着麻花绞银镯子，可谁也不敢去取它。听寺僧说，前一年闹"神兵"，一城人都死了，半年后才将人骨收拢来，三年后再焚化。真让人叹怜！

每日晚上落店，人多铺少，兵士们都养成了一条长凳当床睡的习惯。沈从文一连三天都在长凳上睡觉，从没半夜掉下地来。他不但在凳子上睡，还能在方桌上睡。如果连一张板凳也弄不着，他们就睡在屋外的稻草上，望着夜空上的流星飞落，进入梦乡。

部队在龙潭驻扎了下来。这是个富庶地区，市面不大，但商店整齐，有邮局、旅馆，还是桐油、花纱杂物的交易集散地。

龙潭有一个远近百里著名的龙洞，洞深得有半里路，高约十丈。洞中流出一股泉水，长年不断，寒冷彻骨。部队到达时正值六月，可兵士们没有一人敢去洗手洗脚，因为一碰此冰水，骨关节就会疼痛麻木，失去知觉。沈从文却最喜爱到龙洞来，每天必来一回，在洞中的大石板上坐上半天，听洞水漱石的声音，吹凉风解暑气，最后用一个大葫芦贮满了泉水回去，款待同事和朋友们。

那地方还有小河，沈从文也喜欢到河边去，独自坐在河岸高崖上，看船只上滩，船夫们背着纤绳，身体几乎贴在河滩的石头上。"那点儿颜色，那种声音，那派神气，总使我心跳。那光景实在美丽动人，永远使人同时得到快乐和忧愁。"（沈从文《从文自传》）沈从文默默地注视着船夫们的一举一动，船拉上滩后，船夫们俯身在河里喝水，坐在石头上用手拭汗……这一切照例能让沈从文感动得厉害。

平时的公务并不多，收到外来的文件，在簿籍上照款式写上某年某月某日某时收；发出去也同样记上一笔。沈从文保管着七本册子，一本是来往总账，六本是分记录。这些册子每天晚上九点，必须送到参谋长房内，好转呈司令官检查。

沈从文每月可得九块钱薪金，在当时可不是个小数目。沈从文也不知如何花费，一发钱不是邀朋友们上街到面馆吃面，就是被朋友借用完，他自己从不知道缝制点衣服。身上只有一件衣。换洗时，若天气好，一会儿就晒干了；若天下雨，照规矩是不能赤膊去吃饭的，他只好老老实实饿一顿。

在进川部队里当差弁的，共有十二人。沈从文与他们都混熟了，彼此关系都很好。不过对那个当差弁头目的刘云亭，沈从文却特别感兴趣。

刘云亭有二十八岁了，原来是个土匪，真正的山大王。用自己的两只手打死过两百多人，还曾经有过十七位压寨夫人。这个山大王身材矮小，浑身黝黑，除了一双放光的眼睛外，任你怎么估也估不出他有多少勇气和精力，可沈从文知道他是个真正的男子汉。

前一年在辰州河边，寒冬腊月天，有人说："谁敢现在下水，谁就是不要命了。"

山大王什么话也不说，脱光了身子，扑通一声跳下河去，在冰凉刺骨的水里游了近一个小时。上岸后走到那人跟前：

"一个男人的命被这点水就会要去了吗？"

如果有人诉苦说自己赌牌被骗把荷包都掏光了，他听了一句话不说，一会儿就会找到作弊者，把钱要回来，然后将钱一把掼到受骗者面前，又一句话不说就走开了。

山大王曾经被司令官救过一次命，于是他不再做山大王了，心甘情愿地在司令官身边做了一名亲信，侍候司令官就像忠实的奴仆。

沈从文在山大王隔壁住着，山大王经常走到他房间来与他谈天。渐渐地，沈从文知道了他的许多故事，山大王原来是一个普普通通的农民，只知道老老实实地种地，怕事又怕官。谁知竟被军队抓了起来，当成土匪，押去枪毙。还算他命大，临死前居然逃脱了。后又被人拉上山落了草。

我从他那里学习了一课古怪的学程。从他口上知道烧房子、杀人……种种犯罪的记录，且从他那种爽直说明中了解那些行为背后所隐伏的生命意识。我从他那儿明白所谓罪恶，且知道这些罪恶如何为社会所不容，却也如何培养着这个坚实强悍的灵魂。我从他坦白的陈述中，才明白在用人生为题

材的各样变故里，所发生的景象，如何离奇、如何炫目。(沈从文《从文自传》)

山大王还会唱点旧戏，画几笔兰草。每次跟沈从文聊天聊倦了，就会跳到桌上去演唱《夺三关》与《杀四门》，他的武把子显然比笔杆子当行得多。

一次吃饭时，有人告诉说，河对面的庙里，川军押着一位女匪首，一个出了名的美人，十八岁就做了女土匪头子。被抓住后，川军的年轻军官都为她倾倒、发疯。有两个小军官居然为她大打出手丢了性命。解到旅部后，大小军官都想占她便宜，可谁也得不到她。听到这个消息，沈从文那颗对一切新鲜事物都好奇的心又骚动了起来，他很想去看看那个女土匪，于是就说笑话，说谁能带他去看看，他就请谁喝一斤酒。话说完了也就忘了。

几天后的一个黄昏，山大王突然来找沈从文：

"兄弟，跟我去一个好地方，你就可以看你要看的东西。"

沈从文还来不及问清楚去什么地方看什么东西，就被山大王一把拉出了营房。

两人乘小船过河来到了庙里。山大王跟看守庙的一排川军很熟悉，打个招呼就带着沈从文来到后殿的一个院落。只见栅栏的后面坐着一位年轻的妇女。

那妇女正背对着门凑在灯前做针线，山大王走近栅栏说：

"夭妹，我带了个小兄弟来看你！"

那妇女回过脸来，并站起身向栅栏走来。沈从文大吃一惊，那妇女有张白白的脸，大大的眼睛，脸庞算不上什么稀罕美人，但那副匀称的身段，那袅袅走来的步态，沈从文怎么也不能把她和杀人不眨眼的女匪首联系在一起。这女人还戴上了脚镣，但她用布片包好了，走动时并没有声音。她与山大王闲聊了几句，就很着急地问：

"刘大哥，刘大哥，你不是说那个办法吗？今天已十六了。"

山大王回答：

"我知道，今天已十六了。"

"知道就好。"

"我也着急，曾去卜了一课，说是月份不吉利，动不得。"

"呸！"

沈从文看见那妇人沉下了脸，不再开口说话，灰暗的灯光下，她的眼睛里有着几分幽怨，整张脸显得分外凄美。沈从文好奇地注视着她，但也很留心山大王的表情。他看见山大王对那妇人把嘴向他努努，知道他在这儿妨碍了他们两人的交谈，就赶快说想先回去了。那女人很客气地说：

"小兄弟，明天再来玩。"

沈从文点头答应着，山大王便把他送出了门。在庙门口，山大王还悄悄捏了捏沈从文的手，做出有许多秘密以后再告诉他的样子，又转身进去了。

沈从文那一晚一直睡不着觉，他又想起了过去参加清乡部队所经历过的一切，这个叫夭妹的女人怕也是受了冤枉，被当成土匪关起来的吧？因为无论怎么看，她都不像个杀人不眨眼的女土匪啊。

第二天吃早饭时，副官处的人议论纷纷，说是女匪首一早已被川军拖出去砍了头。有人还亲眼看到，说她砍头时神态自若，头掉地尸身却还不倒下……沈从文一听这消息，大吃一惊，昨晚还看见她，她还约他今天去玩，怎么就被杀了？他赶紧跑去看，只见夭妹的尸体已被人用白木棺材装殓，停放在路旁，地下有一摊血与一堆纸钱焚烧后的白灰。沈从文心里乱乱的，赶紧去找山大王。只见他躺在床上，两眼定定地望着房梁，一句话不说，脸色好吓人。

沈从文后来从别人口中才知道整件事的原委。原来这个叫夭妹的女匪首，虽然长得标致，但为人非常毒辣。她早就应该被砍头了，但她还有七十支枪埋在地下，只有她一人知道埋枪的地点，照当时的市价，这批武器将近值一万块钱，是笔很大的数目。因此就把她拘押着，还特别地优待她，想诱骗她说出埋枪的地方。山大王经常去庙里玩，与川军排长很熟，知道了这件事后，就对夭妹说，他自己也有六十支枪埋在湖南边境上，并说要想法保她出来，一同把枪挖出来再去山上落草，做个天不怕地不怕的山大王快活下半世。夭妹相信了他，就在沈从文跟山大王去的那天晚上，夭妹以身相许，两人在监狱里做了一夜夫妻。不料被川军看守发现，触犯了当兵的最大忌讳。川军大小军官想占夭妹便宜而不得，现在却被一个外人占了先，众人愤愤不平。一排人上了刺刀守在门边，要与山大王算账。刘云亭不慌不忙，听到川军高声叫着他的名字让他出来时，他紧了紧皮带，拿出两把放着蓝光的小手枪，在手中掂掂，朗朗地说：

"兄弟们，天上野鸡各处飞，谁捉到手是谁的运气。今天小有冒犯，万望海涵。若一定要牛身上捉虱，钉尖儿挑眼，不肯高抬贵手，那不要见怪，枪子儿可不认人！"

川军才知道刘云亭不是个好惹的人，真动起手来，一条命要几条命换。况且他们才一个排，湘军有几个营，到头来吃亏的只会是自己。只好让出一条路，眼睁睁地看着刘云亭大摇大摆出了庙门。

既然奈何不得刘云亭，川军便立即拿夭妹开了刀。

夭妹死了，山大王躺在床上整整一个星期，不说话也不吃饭，大家都很怕他也不敢去惹他。七天后，他忽然起了床，又和以前一样豪爽了。他跑到沈从文的房间，对沈从文说：

"兄弟，我运气真不好，夭妹为我而死，我哭了七天，现在好了。"

沈从文看他的样子既可笑又可怜，只好握握他的手，表示同情和惋惜。

在龙潭一住就是半年。去巫峡一时还没有机会，沈从文对龙潭的生活却不满足了。在这些日子里，除了写字有些长进，每天还是很无聊，除了吃喝，便是看杀人。这时有个机会可以回湖南，沈从文争取到了。就要动身前，刘云亭突然来找他，说自己也要回湖南，已批了假，打算和沈从文一起坐小货船走。

原来，刘云亭最近与当地的一个洗衣妇相好，想娶她做姨太太。洗衣妇的亲属在司令官出门时拦路告状。回来司令官就对刘云亭说：这事不行，我们在这里是客军，再这样胡闹会影响军队声誉。刘云亭不服，便对别人说：这是我的自由，司令官不许我娶她，我就请长假回湖南，拉队伍上山干老本行去。他果真去请假，司令官略加思索，也就批准了。

沈从文在自己的护照上加上了刘云亭的名字，两人一起去看了船，盘算着沿途看哪些风景码头，好好玩一玩。就在临走的那天，两人正在收拾行李，有人喊刘云亭去军需处算账，领军饷。刘云亭高高兴兴地走了。

突然，楼下响起了卫队集合的哨声，值日官连声喊着"备马"。沈从文心中纳闷，照情形好像是要杀人，但杀谁呢？难道有逃兵？他赶紧走到窗前，推开窗子，正好看到刘云亭已被剥光衣服、五花大绑地捆着，站在院当中。卫队也已列队站好，准备出发。看样子，刘云亭就要被推出去砍头了，沈从文的心一下提了起来。

剥了衣服绑起双手的刘云亭，耸着一副瘦瘦的肩膀，比平时瘦小很多。他向两旁楼上高声喊着：

"参谋长、副官长、秘书长、军法长，请帮我说句公道话吧。求求司令官恩典，不要杀我吧。我跟了他多年，不曾做错一件事。我太太还在公馆里伺候司令太太。大家做做好事说句好话吧。"

大家互相望着，都不吭声。这时司令官从大堂客厅中从从容容地走了出来，他手里执着一支象牙烟管，很优雅地跟两旁的高级军官们点头打招呼，最后对刘云亭说：

"刘云亭，男子汉大丈夫，不要再说什么话丢自己的丑了。我们军队的规矩，做错了事，就应从容去受死，你不会不知道。我们在四川做客，得人家种种优待，理应格外谨慎才对得起地方人，你黑夜到监牢里去奸淫女犯，这是十分丑恶的行为，我念你跟我几年来做人的好处，为你记下一笔账，暂且不提。谁知你又为非作歹了，想拐骗良家妇女，还想回家上山当土匪，重操旧业，这是一种什么打算？与其放你回乡做坏事，为害乡里，不如杀了你，为地方除害。其他的话不要再说了，你的女人和孩子我会照料，你勇敢点做个男人吧。"

山大王听了司令官的一番话，不再大喊大叫了，他微笑着向两旁的人点点头，显得平静从容多了：

"好好，司令官，谢谢你老人家几年来的特别照顾。兄弟们，保重，再见了。"

过了一会儿，他又压低嗓子说：

"司令官你真做梦，别人花六千块钱运动我刺你，我还不干！"

司令官仿佛听不到，把头掉向一边，嘱咐副官去买副好些的棺木。

山大王一会儿就被拥簇出了大门，从此不再见了。沈从文在川东认识的这个朋友从此消失了。但山大王鲜明的形象一直留在了他的脑海中。

沈从文护照上刘云亭的名字被朱笔涂去了。沈从文带着这本护照，独自经过无数险滩，返回了保靖。

转折

　　从川东回到湖南保靖，沈从文由于自己的缮写能力被调到了湘西的最高统领官身边工作。这个统领官就是沈从文十分敬仰、人称"湘西王"的陈渠珍。

　　陈渠珍也是凤凰人，任湘西镇守使。他主持湘西军政后，提出"保靖息民""湘西自治"的口号，锐意整军经武，开办学校、工厂，刺激商业，甚至还开办现代银行，湘西一度出现了辛亥革命以后最好的局面。陈渠珍算不上是个民主派，但他是个革新派，是个政治革新家。他还拥护五四文学革命的最低要求：采用白话文。他开办了一家报馆、一份期刊来宣传自己的革新方案。但他并非想用西方的新思想新文化来改造中国社会与中国文化，只是想在教育文化方面作些改革。不过当时的沈从文对陈渠珍的革新佩服得五体投地。

最让沈从文感动的是陈渠珍那"稀有的精神和人格"，他有高尚的传统道德，自律甚严，天不亮就起身，工作到半夜还不休息，以身作则来教育部下。他好读书，好学习，注意修养，每天学习的时间几乎与处理政务的时间一样多。

沈从文在陈渠珍的手下仍做书记员。他单独住在军部的会议室旁边，那是山上高处的一座孤零零的新房子。开会了要记录，公文、急电要抄写。工作似乎比在参谋处时忙，不能随便离开，沈从文就仿佛一个人被关闭在了这幢大房子里。

这幢大房子里放了四五个大楠木橱柜，大橱里约有百来轴自宋及明清的旧画与几十件铜器、古瓷，还有十来箱书籍、一大批碑帖，这些都是陈渠珍的收藏。每当陈渠珍需要阅读某书或抄录书中某一段落时，都必须由沈从文预先准备好。这些书籍的分类、编号、安放和旧画古董的登记，也全由沈从文来做。为了弄清这些书画作者的人名、时代及其在当时的地位，这些古董的名称与用途，沈从文没少学习过。日积月累，沈从文掌握了许多知识，慢慢地，那些古书他也大部分能看懂了。

一有时间，沈从文便会把古画一轴轴取出来，挂到墙上独自欣赏，慢慢领会它们的妙处。有时会翻开《西清古鉴》《薛氏钟鼎彝器款识》这一类古籍，与那些铜器上的铭文作比较鉴别，估出它们的名称及价值。碰到不熟悉的作者时，他又会去翻查《四库提要》。

> 我从这方面对于这个民族在一段长长的年份中，用一片颜色、一把线、一块青铜或一堆泥土，以及一组文字，加上自己生命做成的种种艺术，皆得了一个初步普遍的认识。由于这点儿初步知识，使一个以鉴赏人类生活与自然现象为生的乡下人，进而对于人类智慧光辉的领会，发生了极宽泛而深切的兴味。(沈从文《从文自传》)

在这个特殊的环境里，沈从文接受了民族文化的宽泛熏陶。中国的古代文明，开始了对这个自然之子精神荒野的耕耘。沈从文的历史、文学、艺术的中国传统根子，就是在这所大房子里扎下的。沈从文今后创作中的古典文学修养、他后半生从事文物研究的学识基础，乃至他对中国书法历史的彻底了解，几乎都能在这所大房子里找到最初的源头。

沈从文变了。内心精神的变动，必然影响与改变着他表面的行为方式。沈从文跟过去的老朋友稍稍疏远了，他也不那么爱玩了。偶尔在屋后的山上走走，也总拿着一本线装书。他常常躺在一片草地上看书。看厌倦了，就看白云在蓝天上飘动，看流水在小河中潺湲。他感觉自己书读得多了，接近大自然时的感觉也和以前不一样了，心中有了数缕柔情，有了悲悯感慨的成分。他时常感到苦闷、寂寞，心中有自己也说不清原因的躁动。他需要向一个人倾诉，需要别人帮他疏解与启发，可以前的老朋友是做不到这一点的。

不久，这样一个人出现了，他就是沈从文的姨父。他姓聂，是聂表弟的父亲，陈渠珍过去的老师。他来到保靖，被陈渠珍安排住进了风景宜人的狮子庵。

聂姨父是个饱学之士，以前中过进士，成长于"中学为体，西学为用"之风正盛的时代，所以他不光旧学有根基，新学也呱呱叫。沈从文自从聂姨父来了后，几乎每天都要到狮子庵来听他谈古论今。聂姨父今天讲"宋元哲学"，明天讲"大乘""因明"，后天又谈"进化论"，这些知识分属于不同的来源，它们是儒学理学、佛学及西方近代哲学，是沈从文从不知道却十分愿意了解的知识。聂姨父不厌其烦地解答沈从文提出的种种问题，他自己也从这种谈话中获得了许多快乐。这种谈话经常要进行很长时间。

然而，聂姨父这些解释自然、人生的不同学说，用来和社会现实、实际人生对照时，沈从文又会感到困惑、矛盾。他感到更加寂寞，对将来的幻想更加多。

> 我总仿佛不知道应怎么办就更适当一点儿。我总觉得有一个目的，一件事业，让我去做，这事情是合于我的个性，且合于我的生活的。但我不明白这是什么事业，又不知用什么方法即可得来。（沈从文《从文自传》）

此时，北京、上海及各省的报纸还在开展"兵工筑路垦荒""办学校""兴实业"等问题的热烈讨论。感受时局的影响，陈渠珍也想为地方上做些事。他亲自起草了一个计划，将湘西十三个县划分为一百多个乡区，试行"湘西自治"，草案经过各县区乡绅代表讨论商定后，就实施了。不久，在保靖就设立了一个师范讲习所、一个联合模范中学、一个女学、一个职业女学、一个模范林场和六个小工厂。学校教师与工厂技师全部从长沙高薪聘来，加上原来的一个军官学校、一个兵士教练营，再加上六千左右的军农队，保靖骤然有了崭新的气象。

此外，陈渠珍还置办了一部印刷机，设立报馆，筹办一个定期刊物。办报就需要校对，陈渠珍想到的最合适的校对人选就是沈从文，于是沈从文又被调进报馆，做了一名校对。

调进报馆后，沈从文与一名长沙聘来的印刷工长住一间屋。这位工长是个受五四运动影响、具有新思想的青年。他从长沙带来了许多新书新杂志。他削了几块白木板，用钉子钉在墙上，然后把书放在上面。而沈从文却把从司令部搬来的字帖与诗集放在方桌上。两人在一盏灯下做事，一到工余，两人各看各的书，互不相犯。后来两人熟了，沈从文看见对方手中拿的书封面上有一个赤着上身的人像，忍不住好奇，问工长这是什么书，工长回答是《改造》。沈从文又问那题名《超人》的书写的是什么。工长吃惊地把眼睛瞪得圆圆的，简直像只猫：

"哎呀，伢俐，怎么个末朽？ ① 一个天下闻名的女诗人……也不知道吗？"

"我只知道唐朝女诗人鱼玄机是个道士。"

"新的呢？"

"我知道随园女弟子。"

"再新一点的呢？"

沈从文摇摇头，他实在不知道还有什么新一点的女诗人，有点羞愧。工长翻开那本《超人》，将一篇与书名同题的小说指给他看。原来是冰心的作品。沈从文读完后说：

"这个我知道了，你那报纸是什么报纸？是老《申报》吗？"

工长不再回答，只是将一卷《创造周报》推到沈从文的面前，那神态仿佛是在说，你自己看吧，看了就明白了，不看怎么说你也不会明白的。

沈从文仔细看了一会儿，记住了几个人的名字，又稍稍知道些白话文与文言文不同的地方。他认为文言文用"也""焉"字结句的地方，白话文就用"呀"和

---

① 长沙方言，"伢俐"，小伙子的意思；"个末朽"，这样差劲之意。

"啊"字结句；文言文叙述一件事，是用字越少越好，白话文说一件事是说得越多越好。似乎弄明白了这两个区别，沈从文就又去问那印刷工长。工长觉得好笑，又不能说不对，他想了想，就对沈从文说：白话文最要紧处是"有思想"，若无思想，就不成文章。沈从文弄不懂什么是思想，但不好意思再问，恐怕工长会真的认为他很"朽"了。

对这位印刷工长，沈从文一直心存感念：

　　若没有他的一些新书，我虽时时刻刻为人生现象自然现象所神往倾心，却不知道为新的人生智慧光辉而倾心。我从他那儿知道了些新的，正在另一片土地同一日头所照及的地方的人，如何去用他们的脑子，对于目前社会作反复检讨与批判，又如何幻想一个未来社会的标准与轮廓。他们那么热心在人类行为上找寻错误处，发现合理处，我初初注意到时，真发生不少反感！可是，为时不久，我便被这些大小书本征服了。我对于新书投了降，不再看《花间集》，不再写《曹娥碑》，却欢喜看《新潮》《改造》了。(沈从文《从文自传》)

没读过一本五四时期刊物的沈从文，在工长的开导下，喜欢上了刊登郁达夫、郭沫若作品的创造社刊物。他记下了许多新人物的名字，他崇拜他们，觉得他们很神奇，怎么会知道这么多事情，写起文章来能写得那么多、那么好呢？他认为他们比任何人都值得尊敬，值得崇拜。

为了读过些新书，知识同权力相比，我愿意得到智慧，放下权力。我明白人活到社会里，应当有许多事情可做，应当为现在的别人去设想，为未来的人类去设想，应当如何去思索生活，且应当如何去为大多数人牺牲，为自己一点点理想受苦，不能随便马虎过日子，不能委屈过日子。（沈从文《从文自传》）

沈从文被大小书本"征服"了，他觉得从内心深处涌起了一股爱国主义的感情，看到报纸上常报道各界群众捐款兴学的消息，就把自己十天的薪饷买成邮票，用"隐名兵士"的署名，悄悄寄到了上海《民国日报·觉悟》编辑处去，请代转交"工读团"。做完这件事，沈从文心里有说不出的愉快。

在五四运动爆发将近三年以后，身居偏僻闭塞的湘西的沈从文，终于接受了五四精神的洗礼。这虽然有点姗姗来迟，但对沈从文来说太重要了。沈从文对新思想的"投降"，注定了今后因强烈的社会责任感和历史使命感而催发的中国知识分子独有的精神苦痛，将使他的灵魂不再安宁。

做了几个月的校对，沈从文又被调回，陈渠珍发现司令部更需要他。沈从文又开始了忙碌的抄写工作。

不久，一场伤寒病袭击了沈从文。高烧四十天，头痛得像被斧劈，鼻血一碗一摊地流，任何东西也吃不下。沈从文觉得自己像从阎王殿走了一遭，幸亏过去生活的锻炼，使他有结实的体魄，才支持了这四十天。

病中，几个好友一直关心着沈从文，他们给他煎药熬汤，端屎接尿，帮助沈从文逃脱了死神的魔掌。这几个朋友是满振先、郑子参、田杰和陆弢。

沈从文的病刚刚有点起色，一场意想不到的灾难又降临了。几个好朋友去河边游泳，平时结实得像一只猛虎的老同学陆弢只因同一个朋友争口气，泅入宽约一里的河中，却在小小的疏忽中被洄流卷下淹死了。直到第四天，他的尸体才从河中捞出。

望着陆弢被水泡得臃肿不堪的尸体，沈从文难过极了，他这时才真正意识到，生命真是很脆弱。如果自己伤寒病没挺过来，不是许多没有见过的东西再也不会见到，许多没有去过的地方再也无从到达了吗？沈从文突然觉得自己所知道的知识太少，应该了解的东西太多，怎么办？

沈从文认为自己应该重新进学校去学习，去学那些自己不明白的问题；应该出去走一走，看一看能使自己耳目一新的世界。他昏昏沉沉地躺在床上痴想了整整四天，谁也没有商量，独自一人秘密地思考，最后得出一个结论：

    "好坏我总有一天得死去，多见几个新鲜日头，多过几个新鲜的桥，在一些危险中使尽最后一点儿气力，咽下最后一口气，比较在这儿病死或无意中为流弹打死，似乎应当有意思些。"到后，我便这样决定了："尽管向更远处走去，向一个生疏世界走去，把自己生命押上去，赌一注看看，看看我自己来支配一下自己，比让命运来处置得更合理一点儿呢还是更糟糕一点儿？若好，一切有办法，一切今天不能解决的明天可望解决，那我赢了；若不好，向一个陌生地方跑去，我终于有一时节肚子瘪瘪地倒在人家空房下阴沟边，那我输了。"（沈从文《从文自传》）

这时，湘西为了实施"自治"方案，正在筹办各种学校。为造就师资，决定派送学生出省或在本省学习。凡师范以及其他适应建设专业的学生，通过相应考试，都可以由公家补助上学。愿进本省军官学校的，凡在本地军队任职，只要有愿望去，即可临时改授个少尉军衔送去。沈从文不想走这条路，他要完全摆脱羁绊，不是学成归来后参加修修补补的家乡建设，或是像陈渠珍所希望的，回来给他经管图书，他想走得远一些，去北京学习，将来改变整个社会。

当他鼓足勇气，嗫嚅地向陈渠珍提出了自己的学习计划时，还害怕陈渠珍不答应，谁知陈渠珍爽快地答应了。也许他是听从了聂老师的劝说，送人才求学以振兴地方。陈渠珍还给了沈从文三个月的薪水，并且鼓励他说：

"你到那儿去看看，能进什么学校，一年两年可以毕业，这里给你寄钱去，情形不合，你想回来，这里仍然有你吃饭的地方。"

　　于是，沈从文拿着陈渠珍写给他的手谕，到军需处取了二十七块钱，连同陈渠珍给他的勇气，离开了保靖，前往北京。沈从文终于跨出了他这一生最具决定性意义的一步。他知道，他将"开始进到一个使我永远无从毕业的学校，来学那课永远学不尽的人生了"。（沈从文《从文自传》）

来到北京

一九二二年夏天，沈从文提着一卷行李，走出了北京前门火车站。

这个"乡下人"，离开偏僻闭塞的蛮荒之地，突然置身于这百万人口的大都市，不免心慌意乱、手足失措。他站在前门广场上，望着川流不息的车流人群，惊讶地张大了嘴，好半天，才感慨地说：

"北京好大！"

一个拉排车的工人，看见沈从文呆头呆脑地愣在广场中，就走近问：

"想上哪儿去？我可以拉您去。"

排车在北京是运货拉猪的，这人瞧出沈从文是个乡巴佬可以骗骗。

沈从文可不知道这些，他正不知何去何从，有人提议，感谢不尽，忙说：

"有没有便宜一些的小客店？"

"有，有，我拉您去。"

沈从文将行李及自己瘦小的身体搁在了排车上，挺可笑地让运货排车把他拖到了北京西河沿一家小客店。

在小客店旅客簿上，沈从文这样填写自己的身份：沈从文，二十岁，学生，湖南凤凰县人。

到北京上大学，是沈从文此行的目的。他不知道，他将面对的，是何等艰难的求学之路。

当时，沈从文的大姐和大姐夫正在北京。沈从文打听到住址就找了去。姐夫一见沈从文，便关心地问：

"你怎么来北京了？来做什么？"

沈从文天真烂漫地回答：

"我来寻找理想，读点书。"

"嘻，读书？你有什么理想，怎么读书？你可知道，北京城眼下就有一万大学生，毕业后无事可做，愁眉苦脸不知何以为计。大学教授薪水十折一，只三十六元钱一月，还是打躬作揖联合罢教软硬并用争来的。大小书呆子不是读死书就是读书死，哪有你在乡下做老总有出息？"

"可是我怎么做得下去？六年中我亲眼看见脚边杀了上万无辜平民，除对被杀的和杀人的留下个愚蠢残忍印象，什么都学不到！做官的有不少聪明人，人越聪明也就越纵容愚蠢气质抬头，而自己俨然高高在上，以万物为刍狗。被杀的临死时的沉默，恰像是一种抗议：'你杀了我肉体，我就腐烂你灵魂。'灵魂是个看不见的东西，可是它存在，它将从另外许多方面能证明存在。这种腐烂是有传染性的，于是大小军官就互相传染下去，越来越堕落，越变越坏。你可想得到，一个机关三百职员有百五十支烟枪，是个什么光景？我实在待不下了，才跑出来！……我想来读点书，半工半读，读好书好救国家。这个国家这么下去实在要不得！"

沈从文慷慨激昂的一番话，让姐夫对他刮目相看了，姐夫重新打量了沈从文。眼前的沈从文，不再是那个每天逃学、赌博骂人的小顽童，也不再是那个天天写情诗、弄丢一千多元的"败家子"，而是个有着一张端正的长方脸、一双略带忧郁的大眼睛的热血爱国青年。姐夫暗暗称奇，湘西行伍里一名小兵，居然也成了五四新思潮的忠实信徒。他明白了沈从文的追求，诚恳地对沈从文说：

"好，好，你来得好。人家带了弓箭药弩入山中猎取虎豹，你倒赤手空拳带了一脑子不切实际幻想入北京城做这份买卖。你这个古怪乡下人，胆气真好！凭你这点胆气，就有资格来北京城住下，学习一切，经验一切了。可是我得告诉你，既为信仰而来，千万不要把信仰失去！因为除了它，你什么也没有！"

沈从文确实什么也没有，除了身边仅有的七元六毛钱。他从西河沿小客店搬到酉西会馆住下。酉西会馆位于前门外杨梅竹斜街，是清代的湘西人出钱修建的，专为湘西读书郎入京应试考进士举人或候补知县落脚准备的。会馆的管事姓金，是沈从文的一位远房表哥，他答应沈从文住宿可以不付房钱。

沈从文想进大学念书，可是进大学必须通过入学考试。只是小学毕业的沈从文，碰到了难以逾越的难关。外语，他从未学过，连二十六个字母也背不上来。他去考北大，因没有中学毕业文凭，被拒绝了。他去考燕京大学，成绩不佳，名落孙山。据说哲学教授冯友兰就曾在他落榜的考卷上打过分。他又去考中法大学，这次总算考上了，然而他却交不起学费。当时被认为最有前途的清华大学，是不需要经过考试就可入学的，还可以去欧美留学。但沈从文又听人说，进清华全靠走门路，有熟人，一纸推荐信，就可注册入学；没有关系，学业再好也难如愿。

沈从文对考大学彻底失望了，他不再作升学打算，开始了来北京后的第一阶段自学。每天早晨啃上几个馒头，就进了京师图书馆，一直到闭馆才返回酉西会馆。冬天的北京，气温降到零下十几度，甚至零下二十几度，沈从文只有薄薄的单衣，他仍坚持坐在图书馆里读书。这一阶段，他阅读了大量的新旧文学作品。

给予沈从文精神上支持的，还有北京这本继湘西之后的又一本历史大书。沈从文渐渐发现北京的一些街道，简直就是过去六百年间两个朝代古典文化的博物馆，而参观这座博物馆是不用买门票的。在酉西会馆的西边，便是鼎鼎大名的文物之街琉璃厂。两条十字街上，排列着几十家大小古董店，橱窗中陈列的当时并不昂贵的唐、宋、元、明历代破旧瓷器和插在门口木架瓷缸中的宋元明清画轴，就够让沈从文忘却一切、神往倾心，以至于流连忘返的了。向东走约二十分钟，即可到繁华的前门大街，这儿也保留着明清六百年的市容规模，各个铺子门前柜台大都各具特征，斑驳陆离，令人目眩神迷。临街摆着各种饭食摊子，为了兜揽生意，招引主顾，金、石、竹、木各种响器敲打得十分热闹，与叫卖声汇成了一种稀奇的大合唱，让这个来自六千里外的湘西"乡下佬"，无一处不深感兴趣。扇子铺门前陈列有展开径长三尺、彩绘各种人物故事图画的大扇面，店内罗列着万千团扇、纨扇、折子扇等。小摊上的商品闪现着不同社会阶层的色彩，旧官纱和过时的缎匹，用比洋布稍贵的价钱叫卖。另有一处有成堆各式旧皮货、羽纱、倭绒、哔叽、咔叽、过时的衣裙。还有夜市、庙会赶集。凡属晚清遗物，都卖得很贱，过去清朝大官用的白色芝麻点的鹊翎羽扇，原先要二百两银子，现在三五元钱就可到手；过去卖八百两银子的翎管，现在四块钱就可到手。沈从文感到自己正置身于一个巨大的历史瓦砾堆中，依稀听到了封建王朝分崩离析的巨响。

处处都在说明长达三百年的清王朝的覆灭，虽只有十多年，依附这个王朝而产生的一切全都已报废，失去了意义。

北京在变化中，正把附属于近八百年建都积累的一切，在加速处理过程中。（沈从文《二十年代

的中国新文学》）

沈从文有个叫黄村生的表弟，是北京农学院的学生，他比沈从文小两岁，却从各方面指点表哥如何适应城市生活。他不愿沈从文整天去欣赏古董，想办法帮沈从文从酉西会馆搬到了沙滩附近银闸胡同的一个公寓里。

新的住处是一间贮煤间改造的，房间很小，仅仅可以转身，地面潮湿。临时在墙上开了个窗户，纵横钉了几根木条，用纸糊上。沈从文把这间房子起名叫"窄而霉小斋"。

这次搬迁对沈从文的学习有着重要意义。银闸胡同紧靠着北京大学的红楼，四周的公寓住满了全国各地进京求学的年轻人，而北京大学在蔡元培先生的主持下，广开门户，谁都可以去旁听。当时北京大学的旁听生是正式注册学生的几倍。沈从文也加入了这支旁听生的队伍。他听过日语课，领过国文讲义，也间或去听历史与哲学。

窘困与独立

在北京的最初日子是异常艰苦的，沈从文离开姐夫家时，口袋里只有七元六毛钱。为了争取生命的独立、争取自己支配自己的权利，沈从文付出了沉重的代价。

在近两年半的时间里，沈从文是在经济来源完全断绝的情形中度过的。这在今天看来，简直是个奇迹。

沈从文的全部财产只有一身单衣、两条棉被。他的住处没有火炉，寒冬腊月的天气，他只能每天坐到图书馆去看书，因为那里有火烤，有热水喝，还有书看。闭馆的日子他钻在被子里看书，可肚子饿了怎么办？

沈从文靠朋友们的帮助，熬过一天又一天。当时北京大学附近公寓的同学们，几乎过着一种原始共产主义的生活，相互接济是常事。沈从文已认识了不少朋友，有董景天、张采真、顾千里、焦菊隐等人。董景天是沈从文姐夫中学时的同学，是燕京大学学生会主席。他经常帮助沈从文，有一次看见沈从文的鞋烂得不成样子，脚趾和后跟都快露出来了，就把自己的西装当掉，替他买了双新鞋。董景天新中国成立后曾做过周恩来总理的外交秘书。沈从文常和这帮朋友一起在沙滩附近的小饭馆吃"白食"。

表弟黄村生所在的农业学院，有三十多位湖南老乡，他们联合自办伙食。学院农场自己栽种的蔬菜瓜果，收获时每个学生都分得一份。那里的大白菜产量极高，每人每年可分二百斤。同学们就把大白菜一齐埋到宿舍前的沙地里，能吃好几个月。每到无可奈何，肚子饿得顶不住时，沈从文一定会跑到他们那儿留宿几天。

北京当时清朝遗风尚存。按清廷规矩，举子入京会试，没有钱各小店铺可以赊账，等高中后再还。北京大学附近公寓的穷学生，常照此例吃饭赊账，沈从文也是如此。几年里，沈从文在北京住过许多小公寓，无论哪个住处他都只住了几个月，就因拖欠房租被房东撵了出去。沈从文曾住过的汉园公寓附近，有个卖煤油的老人，待人和善，有同情心。沈从文和其他学生不但常常去他那里赊煤油，实在饿急了，还会对他说：

"大爷，我们是学生，没有钱，能不能通融借给我们一点？"

老人手头方便时，总会借个一两块钱给他们。三十年代沈从文从上海返回北平，曾到沙滩附近走走，还看见他们常去的小饭馆的欠账牌上写着：沈从文欠××元。

在以后的回忆中，沈从文每每提到他初到北京时的穷困生活，都对北京小商家们继承中国古代那种厚道的、不追求商业利润的伦理道德感激不尽。

尽管如此，沈从文还是经常陷入饿饭的绝境，一天两天没饭吃是常事。在饥寒交迫无望无助中，他四处求干杂活。他曾到一家图书馆谋求过职位，但未被录取，又参加过县政府的招考录事，结果职位已经录用了别人。他跑到各个小工厂打听，写信寄往各处询问，措辞极为谦卑，条件也很低，结果却总是失败。

在"窄而霉小斋"里，沈从文开始使用自己手中的笔。他当时的理想，也就是在保靖时受《新青年》《新潮》《改造》等刊物的影响，认定改造社会，必须从"文学革命"入手，只有通过文学作品，才能进一步唤醒国民，给他们注入新的理想与热情。沈从文的白话文基础差，连标点符号也不会用，但他相信报纸上说的，一个人只要肯勤学，就会有希望。他伏在桌上无日无夜地写，作品完成了，就寄到各报纸杂志，然而所有作品都如石沉大海，毫无回音。后来他听说，当时《晨报副刊》的主编孙伏园在一次编辑部会议上，搬出了一大摞沈从文的作品，把它们连成一长段，摊在桌上奚落说：这就是某某大作家的作品。说完揉成一团，扔进了字纸篓。估计沈从文早期作品三分之一都是这样被扔掉的。沈从文却没有气馁，凭着湘西"乡下人"的倔强性格，他在通往文学之园的道路上艰难跋涉，不肯中途退场。

一天，饿急了的沈从文离开"窄而霉小斋"，漫无目的地彳亍街头，看着道旁小摊上的各式小吃热气腾腾地散发着香味，听着小贩高声地吆喝叫卖，肚子不争气地咕咕叫得更厉害。他走过一条又一条街，想遇上个熟人，吃点东西挡挡饥，可幸运之神没有光顾他。就在他头昏眼花之际，一支打着小白布旗、吹吹打打的募兵队伍从他身边经过，沈从文下意识地跟在几个面黄肌瘦、衣衫褴褛的流浪者后面。当时奉天、直隶两帮军阀都在北京招兵，为了壮大声势，招兵队伍总要这样在大街小巷走上几圈。沈从文跟着队伍在天桥杂耍棚附近转了几圈，心里有个声音在说："马上就有饭吃了，马上就有饭吃了。"队伍最后在一处停了下来，然后依次到一张桌前画押按手印，领饭费。沈从文晕晕糊糊地跟着排队，心里却浮起了悲愤和混乱。从保靖到北京，自己离开收入挺好的军队，是为了实现理想而来，如今难道要走回头路？快轮到沈从文画押了，心头突然有个声音：

"既为信仰而来，千万不要把信仰失去！"姐夫告诉他，这是他唯一的老本，怎么能忘掉呢？沈从文吃了一惊，从饿得头昏眼花中回过神来，终于从队伍里逃了出来，返回"窄而霉小斋"。

走投无路的沈从文有过几次这样的经历，他甚至跟着募兵队伍到过一家旅店去排练站队。他也曾考虑过当警察。最后始终没有走回头路，是因为他还是想当一名新式的知识分子，当一名作家。

一九二四年冬天，万般无奈的沈从文提笔给几位自己仰慕的知名作家写信，倾诉自己的处境。十一月十三日，是个下雪的日子，沈从文正坐在"窄而霉小斋"的桌前写作，屋内冰冰凉凉，他身上只有两件夹衣，只好用棉被裹着双腿。这时有人敲门，沈从文开门一看，只见一个三十岁左右的年轻人站在门口，瘦削的身体，清癯的面庞，他自我介绍说自己是郁达夫，找沈从文。沈从文慌乱地急忙请郁达夫进屋来坐。

原来沈从文也给郁达夫去了信。接信后郁达夫就找来了，那时郁达夫正受聘在北京大学担任统计学讲师。郁达夫仔细地听了沈从文倾诉自己来北京的打算和目前的处境。天渐渐黑了，屋内更是冰凉一片。公寓的厨房里，传来了炒菜的声音和香味。

"你在公寓吃包饭？"郁达夫问沈从文。

沈从文摇了摇头。

郁达夫看看沈从文菜色、瘦削的脸，看看屋内的陈设，一切都明白了。他站起身来，邀请沈从文到附近的小饭馆吃饭。出门时，看见漫天飞舞的雪花，郁达夫又摘下了自己脖子上的淡灰色羊毛围巾，披到沈从文身上。这顿饭共吃了一元七毛钱。郁达夫从口袋里摸出五元钱付了账，剩下的三元多统统给了沈从文。沈从文激动得说不出话来，一回到住处，禁不住伏在桌上哭了起来。

那时的郁达夫，经济上也很窘迫，每月的薪水只能拿到三十多元，他身上的棉袍已经穿了多个冬天，又旧又板，不保暖了。沈从文的遭遇更加激发了他对这不公正社会的强烈批判义愤。从沈从文的"窄而霉小斋"回到自己的住处，他连夜挥笔写下了题为《给一位文学青年的公开状》的著名文章。在文章中，他称扬了沈从文"坚忍不拔的雄心"，也惊诧这个湘西青年的"简单愚直"。他还给沈从文出了三条摆脱困境的主意。一是去找工作，或者去革命，去制造炸弹。二是想法弄几个旅费，打道回府，返回湘西。三是应募当兵，或去做贼，最好去偷沈从文有钱的亲戚熊希龄家的东西，卖一件就可以从从容容过一年。这当然都是郁达夫一时的激愤之词，其实他并不了解沈从文，他只看到了沈从文生活的贫困与窘迫，却不明白沈从文是在什么情况下走出湘西的，又为什么能在毫无援助的情况下坚持下来。

一九二四年十二月，就在郁达夫探访沈从文的第二个月，北京《晨报副刊》终于刊发了沈从文的第一篇作品《一封未曾付邮的信》。

从一九二五年起，《晨报副刊》就开始经常刊登沈从文的文章了，给他的稿酬每月四元到十二元。一九二五年三月《晨报副刊》发表了沈从文以休芸芸为笔名的散文《遥夜——五》，文章叙述了沈从文乘坐公共汽车的一段经历，在将自己与有钱人的对比中，倾诉了自己的窘迫处境和内心感受到的人生痛苦和孤独。

这篇散文被北京大学哲学教授林宰平注意到了，五月他在《晨报副刊》上发表了一篇书评，赞扬了沈从文的文采，并对他的窘迫生活深表同情。林教授还错把沈从文当成了大学生。这篇文章的发表对沈从文影响很大，就像郁达夫来访一样，沈从文又一次引起了社会的注意。

林宰平还托人找到沈从文，邀请他到家里去谈心。听了沈从文的介绍，林宰平才知道沈从文并不是个大学生，而是个入学无门，在逆境中顽强自学奋斗的文学青年。林宰平被沈从文不平常的经历深深地感动了，决定尽自己所能帮助这位有才气有志气的年轻人。他还把沈从文的困难处境告诉了梁启超。后经梁启超介绍，沈从文得到了一份工作——去香山慈幼院图书馆任管理员。

香山慈幼院是沈从文的阔亲戚熊希龄开办的。当时熊希龄在北京主办慈善事业。慈幼院主要是收容因水灾而无家可归的儿童的。

香山位于北京郊外的西山。一九二五年七月，沈从文来到这里，他被安置在一座寺庙门楼的小屋子里，正好与熊希龄的双清别墅公馆为邻。双清别墅是乾隆皇帝留住过的地方，风景极为幽静。熊希龄常常在晚上把沈从文叫来，两人坐在古松树下，或者坐在去香山寺废墟途中的石级上面，一起谈时事，谈哲学等话题。其实，这种闲聊是熊希龄在考沈从文，他还提出各种问题让沈从文回答。九月，熊希龄就送沈从文去了北京大学图书馆学习，让袁同礼教授教他编目学、文献学。一九二六年春天他从北京大学又返回西山。

沈从文在西山的日子是很有收获的，他常常在空闲时漫步在香山幽静的寺院楼阁之间，创作灵感一再激发。沈从文很感激这位阔亲戚的帮助，可又总觉得，他跟熊家那帮人之间有一条说不清楚的鸿沟。

其实沈从文与香山绅士之间的鸿沟，是因沈从文的创作引起的。在香山期间，他发表了几篇与香山慈幼院有关的小说：《第二个狒狒》《用 A 字记下来的故事》和《棉鞋》。

香山慈幼院有一个教务长，是个势利小人，对上极尽巴结之能事，对下则颐指气使，作威作福。沈从文很看不惯他的为人，就在《第二个狒狒》中为他画像，并连带讽刺了整个香山慈幼院。

在小说《棉鞋》中，沈从文描述了一个姓沈的年轻人，因穿不起一双体面的鞋子，在大庭广众中很失颜面。大夏天，他还穿了双旧棉鞋走来走去，招来了香山慈幼院教务长的轻蔑，也惹得香山游客投来挖苦嘲笑的目光。这篇小说描写的事就发生在沈从文身上，沈从文的自尊心受到极大伤害，所以他写下了这篇小说。

《用 A 字记下来的故事》这篇小说是描写香山的一次生日大庆，贺客达三千多人。小说中那位不按传统品格塑造的主角，其实正是备受社会歧视的沈从文自我贬抑性格的体现。在盛宴中，所有的男宾都让他讨厌，可那些满身香气、头发短短的摩登少妇却敢和他挨得很近，引起了他的种种遐想……沈从文在这篇小说中用轻蔑的笔调描写了熊希龄五十五岁生日大庆。

三篇小说的发表，在香山慈幼院引起了轩然大波，不光熊希龄、教务长不满，甚至引起了公愤，香山慈幼院的职工也认为沈从文在小说中把他们都写成了一群势利小人，这是对他们的粗暴人身攻击。

这三篇小说的发表说明年轻的沈从文当时的天真与不通世故。因社会的歧视沈从文觉得自己的人格尊严受到了侮辱，他用小说这一武器奋起抗争。殊不知自己较轻率的描写，不光惹恼了对自己"施恩"的人，也惹怒了身边的一群同事。按当时的社会风气标准，更难以原谅的是沈从文在《用 A 字记下来的故事》中关于主人公对有钱贵妇们的轻佻挑逗举动的描写，是非常失礼的。

同年的秋天，受过许多威胁的沈从文没向慈幼院打招呼，自己解聘了自己，雇了一头小毛驴，下山又回到了"窄而霉小斋"，继续他那种吃了上顿没下顿的穷文人生活。

一九二七年，沈从文在一首题为《给璇若》的诗中，以一位关心他却不理解他的熟人口吻写道：

　　难道是怕别人"施恩"，

　　自己就甘心做了一朵孤云，

　　独飘浮于这冷酷的人群？

　　竟不理旁人的忧虑与挂念，

　　一任他怄气或狂癫，

　　——为的是保持了自己的尊严！

这首诗透露了沈从文心中的一个秘密：虽然香山慈幼院这份工作是自己难得的幸运，但他不愿用自己人格的独立来换取这份幸运。为了保持自己的尊严与人格独立，他拒绝了阔亲戚熊希龄的"施恩"，他之所以不去向熊希龄"乞怜"，就是下决心要割断自己与湘西上层社会的联系，取得自己支配自己的自由。

最好的朋友

离开香山后，沈从文又过上了原来的窘迫生活。连着一两天饿肚子，冬天连件像样的衣服也穿不起，他经常感冒，鼻孔流血，可他连去医院挂号的两角钱也找不出来，只能一只手拿着笔，一只手撕块破布捂着流血的鼻子，因为他不光要养活自己，还要寄钱回家乡去接济母亲和妹妹。在沈从文那个时期的自传性小说中，主人公常常得了呼吸系统病，这都是沈从文自己的写照。

随着沈从文在报刊上发表作品数量的增多，他又交上了许多文学圈里的朋友。浪漫派诗人徐志摩就是其中一位。一九二四年徐志摩实际上已是《晨报副刊》的主编（正式出任主编是一九二五年），他对沈从文早期作品的刊出起到了极大的作用。通过徐志摩并在他的鼓励下，沈从文才第一次靠写稿维持生活。第一个发现沈从文才气的朋友是郁达夫，而沈从文后来进入文艺界则更多是依靠徐志摩。他领着沈从文去参加各种诗歌朗诵会。这些聚会大都是在诗人闻一多的屋子里举行，沈从文听过朱湘、刘梦苇、饶孟侃等抒情诗人吟诗。这批诗人也是《晨报副刊》的作者。

沈从文在《现代评论》刊物的朋友则有陈源、丁西林，通过他们，他还认识了一些从美国、英国留学回来的作家，如梁实秋，还有哈佛归来的吴宓。

不过，在沈从文结交的朋友中，只有与胡也频、丁玲两位朋友的感情远远超过了知己的范畴。三人长达十年的悲欢哀乐、生离死别的友谊，才真正是一曲感人至深的长歌。

一九二五年初，沈从文正处于生活最困难的时节，他用休芸芸的笔名，做着每月能挣二十元钱稿费的白日梦，大量地向外投稿。其中一篇被刊登在《京报》副刊《民众文艺周刊》上。在这之前，只有《晨报副刊》发表过他的两篇小品文，得到过五毛钱的购书券。过了几天，《民众文艺周刊》的两个编辑找到沈从文住的庆华公寓，来探望沈从文。这两位编辑一位是胡也频，一位叫项拙。他俩的名字都时常出现在《民众文艺周刊》

上，他们是海军预备学校的学生，一九二〇年学校解散了，才来到北京。在沈从文的屋子里，三人谈了很长时间。沈从文只能用白开水招待他们，但他内心高兴极了：居然有两个编辑来看望他，自己居然有了朋友，这仿佛灿烂明媚的阳光从此照进了这间阴森寒冷的小屋。沈从文觉得自己的生活就会有奔头了。

第二天，这两位朋友又来到沈从文的住处，仍然是说了许多话，喝了许多白开水。沈从文非常想念最初几位朋友给他的友谊：

　　我想起最初几个朋友给我的友谊，如何鼓励到我的精神，如何使我明白那些友谊的可贵。我那时的文章是没有人齿及的。我在北京等于一粒灰尘。这一粒灰尘，在街头或任何地方停留都无引人注意的光辉。但由于我的冒险行为，把作品各处投去，我的自信，却给一个回音证明了。当时的喜悦，使我不能用任何适当言语说得分明，这友谊同时也决定了我此后的方向。(沈从文《记胡也频》)

大约过了一个星期，胡也频带了一个年轻女子再次来到沈从文的住处，她长着一张圆圆的脸，眉毛长长的，身上穿着一件灰布衣服，下面是一条青色绸布裙子。她站在门口望着沈从文笑，沈从文用乡下人特有的生硬方式，一点也不客气地问她：

"你姓什么？"

"我姓丁。"那个女子答。

主客落座后，姓丁的女子还在笑，沈从文想，你长得胖胖的，却姓丁，这才好笑呢。

胡也频说，因为她听别人说沈从文长得好看，所以跟着胡也频特意来看看。沈从文很诧异，因为从没有人说他好看过，他也从没有被第二个女人专门跑来看过，他甚至怀疑他们是在说反话。

胡也频后来告诉沈从文那个女子本姓蒋，名伟，字冰之，丁玲是她的笔名。几年之后，丁玲成为中国最走红的女作家之一。

丁玲也是湖南湘西人，她的家乡离沈从文的家乡不是很远。她是安福县人（今临澧县）。当两人得知是老乡时，彼此间的距离一下子近了许多。随着谈话的深入，他俩惊喜地发现，他们之间竟有不少巧合。

沈从文说，我哥哥在湘西镇箄做一名军佐，随部队在安福县城住过一夜。住处是当地一个蒋姓的大户人家，屋子里挂了一幅赵子昂的白马图，给我哥哥留下了极深的印象。

丁玲说：那是我堂伯父的家啊，那张白马图是我堂伯父的宝贝。

丁玲又说：我父亲死后，我跟随母亲离开安福搬到常德，由母亲集资，办了一所女子小学，小学毕业后，我就去桃源第二女子师范读书。女友中有个姓杨的，就是凤凰得胜营人。

沈从文又说：哎呀，我认识，六年前我还替我表哥给她写过不少情书呢。

丁玲是沈从文的同乡中几位解放型的女性之一，她在"自觉""自立""自由平等"等五四思潮的影响下，毅然从家中走出，独自跑到了上海，进了平民学校，并在上海大学认识了一大批五四先进人物：瞿秋白、陈独秀、沈雁冰、李达、陈望道等，后因与瞿秋白的弟弟过从甚密，女同伴王剑虹又与瞿秋白同居，遂闹得流言四起，丁玲便独闯北京，住进了西城辟才胡同一个补习学校的宿舍里。她与胡也频的认识，是由胡也频的一个朋友介绍的。

沈从文在胡也频的陪同下，很快回访了丁玲。在这之前，沈从文从没与新女性接触过。他看见丁玲住的公寓房，地面霉湿发臭，墙上糊满了破破烂烂的报纸，睡的是一张硬木板床。这里与自己的"窄而霉小斋"真是差不多。可丁玲对这些似乎根本不在乎，她在这间破屋里从从容容地读书学习，还在窗纸上用粉墨勾画了许多脸谱，她正对绘画艺术发生着兴趣，准备投考艺专。沈从文对这位新女性产生了好感，甚至有些佩服她：

这个圆脸长眉的女孩子，第一面给我的印象，只是使我温习了一番旧有的感想。她同我想象中的平凡女子差不了多少。她也许比别的女子不同一些，就因为她不知道如何料理自己，即如女子所不可缺少的穿衣扑粉本行也不会，年轻女子媚人处也没有，故比起旁的女人来，似乎更不足道了。不过第二天我被那海军学生拉到她住处时，观念改变了些。我从她那儿明白了女人也是同男子一样的人。（沈从文《记丁玲》）

那时胡也频已悄悄爱上了丁玲。丁玲有一天一声不吭地跑回湖南去了，胡也频发了狂似的在屋里撕报纸撕书砸东西，最后终忍不住，跟着追到湖南去找丁玲了。

这一期间，沈从文去了香山。秋天，沈从文正因小说的事受到训骂与责难，感到很孤独时，一天晚上，他在自己的住处见到一张字条："休：你愿意在今天见见两个朋友时，就到碧云寺下面大街××号来找我们，我们是你熟悉的人。"

两个朋友，是谁呢？沈从文一边按着纸条上留的地址一路寻去，一边胡乱猜测。不过不论是哪两个朋友来访，他都十分高兴，现在正是他非常需要朋友的时候。

首先见到的是胡也频，他站在院子里，见到沈从文，满面堆笑，拉着沈从文的手就往屋里走，还大声地喊：

"有客来了，你猜是谁？"

走到门边，沈从文看见了丁玲。她仍是半年前在北京见到的那样，黑黑的圆脸，大大的眼睛，只是眼睛里多了几分羞赧与腼腆。沈从文看见屋中只有一张双人床，他看看两人，明白发生了什么事，心想："新鲜事咧。"便一边笑着，一边坐在屋里唯一的一张藤椅里。屋里还有一只煤油炉子，正在煮着什么。沈从文猜想，刚才丁玲一定像个主妇似的，蹲在炉子旁照料着小锅里的东西，他说："这是新鲜事情。"

胡也频笑着说："这不是新鲜事情。"

三人互相望着，一齐大笑起来。那天是中秋，三人在香山静宜园的见心斋池子中泛舟赏月，互说着这半年来各自的情况。远处，慈幼院欢庆节日的箫鼓声悠悠飘来，头上悬着一轮蒙蒙糊糊的圆月。下山时，他们每人买了一块糖含在嘴中，算是没有辜负了这个中秋佳节。

朋友又相聚在一起了。香山慈幼院与胡也频、丁玲居住的地方相距不远。沈从文常常下班后到他们那里去吃晚饭。饭后便一起天南地北地聊，先嘲笑胡也频因丁玲回湖南后的发疯样，这事笑够了，三人便互相说着大话，说倘若每个人每月能写出三万字的文章，就可以得三十元，那样的话，即使冬天屋里没生炉，心里也一定会暖洋洋。得了钱怎么花费？三人又争得面红耳赤，最后统一了目标，办个小小的刊物，一星期出版一次。至于每人的分工、刊物门口牌子的式样，同样又争吵了许久才确定了下来。

当然，这个自办的刊物只能在三人的想象中产生，又同样在想象中夭折。每月三十元钱的收入，对他们来说，是极大的奢望，根本不可能实现。胡也频和丁玲的生活费用，原来靠湖南老家汇来，有时不能按时寄到，他们的生活就十分狼狈起来。烦心的事随着经济的拮据逐渐增多，两人经常为了一点小事争吵。每到这时，总有一个人跑到沈从文那里诉说心中的委屈。沈从文总是劝了这个劝那个，当个和事佬。沈从文帮他们出主意，把住处搬到房租更低廉些的地方去，两人听从了这个建议，搬到了北河沿公寓。

三人见面不如以前方便了，不过沈从文只要一下山，必定去胡也频、丁玲那儿。胡也频、丁玲如果囊中羞涩，没米下锅了，也必定去沈从文那儿，由沈从文到香山慈幼院的食堂弄些馒头来充饥。

当时的北京，《语丝》是一家重要刊物，凡在此刊上出现过名字的，马上就会被人注意，成为各个刊物的"熟面孔"。沈从文、胡也频、丁玲当时都还是投稿无门，各大刊没有熟人，没人采用他们的文稿。有一次，胡也频想尽方法，托人把沈从文的文章辗转送到了周作人的手中，文章在《语丝》上发表了，沈从文感动得抱着胡也频哭了起来。

生活的艰辛窘困，使胡也频、丁玲在北京实在待不下去，他们又一起返回了湖南。这时沈从文也已从香山不告而别，搬进了北河沿公寓。胡也频常常从湖南写诗寄给沈从文看，沈从文这时在《现代评论》当发行员，便把这些诗转给《现代评论》和《晨报副刊》发表。胡也频与沈从文因关系密切，书写习惯互相影响，两人都喜欢用硬笔头，在窄行的稿纸上，写密密的小字，差不多每张纸写八百字左右，字间的疏朗、笔画的勾勒方法也没什么区别，编辑们都以为这些诗是沈从文写的，以为"也频"是沈从文的又一笔名。后来，丁玲也用同一种书写方式向各报刊投稿，当丁玲的《在黑暗中》的各篇章开始发表时，《小说月报》编辑叶圣陶见到原稿，也认为这不出沈从文和胡也频二人之手。

因为三人用同一式样的纸，写同一式样的字，在文坛引起了一场不大不小的误会风波。

一九二五年四月三十日，鲁迅收到了一封署名"丁玲"的来信，信的内容是：因上学无望，生活窘困，向鲁迅先生求援，希望鲁迅先生能代她想法介绍个工作，哪怕是报馆、书店的印刷工人也行。这是丁玲独自一人返回湖南之前写的信。

鲁迅收到信，即向人打听丁玲是何人。第二天晚上，孙伏园对鲁迅说：启明（周作人）先生那里也有同样一封信，笔迹很像休芸芸。当时在座的章衣萍说：不要又是什么琴心女士与欧阳兰的玩意吧。欧阳兰是北大学生，曾以女人的名字发表文章，文坛都以为是一个新起的女作家。鲁迅信以为真，以为沈从文用女人的身份同他开玩笑，便很生气。七月十二日，他在给钱玄同的信中这样写道：

> 这一期《国语周刊》上的沈从文，就是休芸芸。他现在用了各种名字，玩各种玩意儿。欧阳兰也常如此。(《鲁迅书信集》上卷)

此事发生后的不久，胡也频去拜会鲁迅。在门口他递了一张"丁玲之弟"的名片，听见鲁迅在室内对拿名片进去的佣工大声说道："说我不在家！"胡也频很无趣地离开了鲁迅的家，以后再也没去过。

到了七月二十日，鲁迅又给钱玄同一封信，对此事作了更厌恶的批评，说沈从文用一个女人的名字，有意写出细如蚊虫似的小字给他，被他察觉出来了，随后又有一人扮作该女人的弟弟来访，目的是想证明确有这个女人，看来此事是好几个人狼狈为奸的结果。此事证明沈从文对于写作不过是在胡闹，绝无诚意等等。

后来，有人证实了确有丁玲这个人，而且在北京无以为生，已回湖南老家了，便将情况告诉了鲁迅。鲁迅这才知道是自己弄错了，误会了沈从文。鲁迅很抱歉地说：

> 那么，我又失败了，既然不是休芸芸的鬼，她又赶着回湖南老家，那一定是在北京生活不下去了。青年人是大半不愿回老家的，她竟回老家，可见是抱着痛苦回去的。她那封信，我没有回她，倒觉得不舒服。（艾云《鲁迅所关怀的丁玲》，载于一九四二年七月二十二日《新华日报》）

这件事却极大地伤害了沈从文的自尊心，他非常生气，以至在鲁迅生前，他始终不愿与鲁迅见面。不过，无论是沈从文还是鲁迅，以后都还能保持客观地评价对方的文学成就。沈从文在他后来所写的一系列论述中国新文学成就的文章中，始终将鲁迅的作品放在最重要的位置；而鲁迅在一九三五年与斯诺的一次谈话中，肯定沈从文是自新文学运动以来"出现的最好的作家"之一。这些当然都是后话。

一九二五年冬天，胡也频与丁玲先后从湖南返回了北京。他们频频地换公寓，朋友们为了住在一起，沈从文也只好随着他们频频换公寓。

到一九二六年，三人的生活有了变化。胡也频的文章有了出路，每月可得到二十五元的稿酬，丁玲开始酝酿短篇小说，而沈从文的文章，则因《晨报副刊》改由徐志摩主持，得到他的赏识，有了较多的发表机会。

生活对沈从文依然严峻。一九二七年，沈从文的母亲与九妹从湘西来到北京，一家三口的生活全靠他的稿费维持。同年四月，蒋介石在上海发动反革命政变，在南京成立了国民政府。政治重心的南移，使商业及出版业也向南方侧重，出版过沈从文著作的几家出版社都先后迁去了上海。有较多机会发表作品的《现代评论》也迁去上海。为了谋生，寻求发展，沈从文决定离开北京，南下上海。

随着这一阶段北京生活的结束，沈从文走完了最初阶段的创作历程。

关于这一阶段的创作，沈从文是这样总结的：

我只想把我生命所走过的痕迹写到纸上。（沈从文《致唯刚先生》，载于一九二五年五月十二日《晨报副刊》）

　　沈从文这一阶段的创作主要分故乡回忆与都市写实两部分。有关故乡的回忆的文字占压倒的比重。沈从文怀着对故乡的热爱和眷恋之情，把偏处一隅的湘西民情、风俗、自然风光娓娓地向读者诉说，这对当时的多数读者来说，是闻所未闻的，它们让人感到新鲜、刺激。但这些早期作品，内容比较单薄，主题过于直露。在沈从文描写都市生活的作品中，有很大部分是沈从文真实生活的写照。他小说中的主人公都有一定程度的精神病态，都是从乡下来到城市，因对城市环境的陌生、对家乡的怀念，感到寂寞孤单。这些人物全都在不平等的条件下竞争，他们明显处于劣势，挨饿、受冻、没有朋友，从而对五光十色的大都市里有闲阶级、有钱阶级充满了仇视。从这些作品中可以看到沈从文——这个初入城市的"乡下人"那焦灼不平的痛苦灵魂，以及他对这不公正的社会所做的控诉与抗争。
　　沈从文的早期创作，艺术上比较幼稚，作品较为平面，他尚缺乏向生活的深处开掘的能力。但沈从文是个只有小学毕业文化程度的文学青年，他完全是在一种难以想象的艰苦处境中进行自我教育的，这就非常令人敬佩。另外，沈从文作品的独特内容以及真挚的情感和天真的自然之趣，使得他成为当时文坛的"独一个"，这正是他获得徐志摩、林宰平称赞的原因。

徐志摩曾这样赞扬沈从文一九二五年十一月刊登在《晨报副刊》上的作品《市集》：

这是多美丽多生动的一幅乡村画。作者的笔真像是梦里的一只小艇，在波纹瘦鳞鳞的梦河里荡着，处处有着落，却又处处不留痕迹。这般作品不是写成的，是"想成"的。给这类的作者，批评是多余的，因为他自己的想象就是最不放松的不出声的批评声。奖励也是多余的，因为春草的发青，云雀的放歌，都是用不着人们的奖励的。(徐志摩《志摩的欣赏》，载于一九二五年十一月十一日《晨报副刊》)

诗人用诗一样的语言赞美沈从文作品，正说明了沈从文作品的魅力所在。

《红黑》与《人间》

一九二八年一月，沈从文让母亲与九妹暂时留在北京，一个人先行南下到了上海，住进了法租界的一幢楼里。不久便把母亲和妹妹接来同住。

为了一家三口的生活，沈从文超负荷地写作。在北京时，沈从文曾奢望每月有三十元的固定稿费收入。现在的收入已超出那个数目的几倍，但上海的生活费用高，房租需二十元，水电十元，加上三人吃饭，每月最少得有一百元才能应付，加上母亲肺病逐渐严重，九妹又要上学读书，沈从文几乎整天整天地伏在桌上写作。生活的压力、工作的劳累，使沈从文的身体十分虚弱，三天两头便会头痛欲裂，接着便不停地流鼻血，弄得嘴角、下巴、衣襟到处一片血迹模糊，十分怕人。一次复旦大学的陈快孚夫妇来看望沈从文，推门看见这种情形，陈夫人竟"啊呀"一声惊吓得昏了过去。

当时上海新开张的书店很多，如光华、神州国光、华通等，出书时都要沈从文为他们打头炮，为了得到沈从文的书稿，他们大方慷慨地给沈从文冠以"天才""名家"的种种头衔，可一到支付稿酬时，却极尽敷衍、拖欠、赖账之能事。一九二八年至一九二九年两年间，几乎上海所有的书店和大型刊物都有沈从文的作品发表和集子出版，现代、新月、神州国光、北新、人间、春潮、光华、中华、华光各书店，分别出版了沈从文的十多个作品集。可是沈从文却从不能按时拿到自己应得的稿酬，为了生计，他常常不得不上门讨要。他常自我解嘲地称自己是"文丐"。

光华书店在一九二八年十月出版了沈从文的两个小说集《山鬼》和《长夏》，可吝啬的书店老板只给了一百元钱就不再给了，沈从文只好去书店请求老板从拖欠的稿酬中支出几十元来，让他应付家中的燃眉之急。可书店的职员却说老板不在，不能给钱。

"家里急等钱用，有病人要看病，你们譬如做好事……"

"这不行。"

"这是我应得的钱，不给不行。"

书店职员看看沈从文，笑笑说：

"经理有话，说还有人一个钱还没拿到呢。"

沈从文嗫嚅着，再也无言以对。他想到四周无数双眼睛盯着他，不像是书店欠他钱，倒像是他在无理取闹。他身体发软，十分疲乏，呆呆地望着书店内进进出出的人，再也站不动了，便在门口石凳上坐了下来。

进进出出的购书读者，有谁会想到这个呆头呆脑的瘦弱男人便是书店老板大肆吹捧的"天才"作家沈从文呢？一个小时过去，沈从文仍呆坐着。大约书店的人不好意思了，走出一位，客气地对沈从文说：

"等经理回来，我们再同他说说，你明天再来看看吧，如何？"

沈从文不得不走了，他面皮薄，不好意思与人翻脸的脾性被那些奸诈的老板摸透了，才敢这样软硬兼施地拖欠他的稿费。

沈从文来到上海不久，胡也频与丁玲也来到上海。上海《中央日报》的总编辑彭学沛，是前《现代评论》的编辑，与胡也频熟悉，便邀请他主持该报副刊。胡也频接下任务，找沈从文、丁玲商量，三人讨论决定把这

126

副刊定名为《红与黑》。三人全力以赴，为《红与黑》副刊写稿、审稿、看清样。

过不久，人间书店请沈从文他们编辑一个月刊。当时上海的出版业是赢利的时髦行业，一大批新书店相继开张，新书不断涌现，使沈从文、胡也频、丁玲等许多作家的作品有了发表与出版的保障。这一情势又激发起当初三人的梦想：自己办个小小的刊物。他们接下了人间书店的委托，编辑出版《人间》月刊，同时又决定三人自己再合办一份刊物《红黑》。这时恰好胡也频的父亲路过上海，为支持他们创业，他向各处转借了一千元钱。

为了工作方便，三人共同租赁了萨坡赛路二〇四号。这是一幢小小的三层楼房。沈从文与母亲、九妹住在三楼，胡也频、丁玲及丁玲的母亲住二楼。三人还作了分工，由胡也频负责《红黑》杂志，沈从文与丁玲负责《人间》月刊，并在各书店出版三人作品"二百零四号丛书"。

生活好像完全变了。为了开创自己的事业，三人大展拳脚，竭尽全力。胡也频最忙，编辑稿件，联系印刷，购买纸张，接洽书店，最后还要算明账目。沈从文和丁玲负责在刊物印出后清点数目，并亲自送到四马路各书铺去，还抄写订户名单，邮寄到外地。《红黑》封面非常醒目的大字是请杭州美院教授刘阮溧先生写的。

一九二九年一月十日与二十日，《红黑》与《人间》两个月刊的创刊号出版发行了。三人的梦想通过自己的辛勤工作终于实现了。

三人跑到书店最集中的四马路去，一家书店一家书店地去看刊物出售情况。看着自己创办的刊物陈列在各书店的橱窗里、柜台上，三个人的兴奋心情，就像看到了自己刚诞生的孩子一样。

销售情况比他们预料的还要好，第一期仅上海就卖出去近一千本。这在当时，是个非常可观的数目。沈从文和他的两个朋友兴奋得两眼放光，脸上发红。各地的朋友有消息反馈过来，都说这份刊物办得很好，内容充实文章很有分量。北平、厦门、武昌的朋友来信说要帮他们推销，要他们多寄些过去。三人想，这下该印五千份大概才够分配。三人编印两份刊物，工作量是巨大的，他们要处理许多杂务，还要抓紧点滴时间进行创作。一九二九年是他们最勤奋工作的一年，每人都写下很多作品，胡也频的《光明在我们的前面》、丁玲的

《韦护》就是在这年完成的，而沈从文更是高产，仅一九二九年二月一个月内，他就写下了六篇作品，分别发表在《人间》《红黑》《新月》《小说月报》等刊物上。他们三人都希望尽自己的一点力量，能为日渐寂寞的新文学运动注入一份新的活力。

《人间》《红黑》两本刊物还是沈从文、胡也频、丁玲三人争取文学"独立"的"试验田"。他们主张文学自由，可以"凭想象生着翅膀飞到另一个世界里去"，而"不必为一个时代的趣味拘束到他的行动"。在文坛与其他作家的关系上，他们不愿卷入任何门户之争，在文学与商业的关系上，他们也宣布不俯就商业赢利的趣味。

当时的上海，在创造社、太阳社的作家与鲁迅、茅盾等人之间，正爆发着关于"革命文学"问题的激烈论争，而国民党政府正着手"党治文化"，制定"三民主义的文艺政策"，开始酝酿所谓的"民族主义文艺运动"，以便同无产阶级文学运动相抗衡。上海各书店的老板则以赢利为目的，迎合读者趣味，竭力使文学作品商品化。沈从文、胡也频、丁玲三人对文学与政治的关系，理解并不完全一致，但三人都反对当时文坛存在的掺杂着某些意气用事的无休止的理论论争，对文学作品商品化也怀有共同的不满。丁玲在后来的回忆中说过，出版《红黑》是"几个又穷又傻的人不愿受利欲熏心的商人的侮辱，节衣缩食想要改造这种唯利是图社会所进行的共同冒险。"（丁玲《记胡也频》）这种共识，使三人在《红黑》创刊号中写道：

> 倾向不是我们愿意提到作为阿其所私的工具，我们除了尽其所能，没有别的什么动人的背景了。刊物愿意多销一点，却也并不因为应当多销把趣味俯就。（沈从文《记胡也频》）

《人间》与《红黑》坚持走文学独立道路的决心，也就是沈从文的一贯文学主张。"我不轻视左倾，也不鄙视右翼，我只信仰'真实'……文学实有其独创性与独立价值。"（沈从文《记丁玲》）

不在乎商业赢利，办刊物实在是件冒险的事。《人间》月刊办了四期，《红黑》月刊出到八期，因资金周转难以为继，就再也办不下去了，显然这个实验失败了。从最初的筹备到停刊，共一年的经营，算算账，他们非但没有赢利，连老本都搭了进去。

杂志停刊了，三人又分头去找事做，胡也频父亲帮借的一千元债务也必须偿还。济南的一所高级中学正缺教员，胡也频经人介绍，一九三〇年初去了那里教书。一个月后，丁玲也离开上海，前往济南。

而沈从文被胡适先生聘为中国公学讲师，主讲大学部一年级现代文学选修课。对于只有小学毕业资历的沈从文来说，这真是一件破天荒的奇事。在中国现当代史上，有此机遇的，恐怕仅沈从文一人。

师生恋

刊物停办了，徐志摩劝沈从文："还念什么书，去教书算了。"胡适先生当时正担任上海中国公学校长，由徐志摩介绍，胡适同意聘用沈从文为讲师。这不能不说是胡适的开明与胆识。

第一次登台讲课的经历，沈从文终生难忘，也成为文坛经年不衰的轶事趣闻。那天，沈从文作了充分的准备，讲课备用的资料足足可以供一小时之用。当他站上了讲台，抬眼一望，下面黑压压的一片人头，心里陡然一惊。那无数双急切期待的目光，就好像一股股强大灼热的电流，击得他心慌意乱，原先准备好的话语一下子都没了，脑袋"嗡"的一声，变成一片空白。他感觉自己像在往深渊坠落，而四周却没有任何可攀缘的东西。

一分钟，两分钟，五分钟，他呆呆地站着，不发一言。教室里开始骚动起来，同学们交头接耳。很多同学久闻沈从文的大名，读过不少沈从文写湘西蛮荒之地的小说，今天都是来一睹大作家的风采的，却不知他为何不开口说话。

八分钟，十分钟。沈从文的紧张竟无形地传染开去，一些女同学也替沈从文紧张起来，教室慢慢地倒静了下来。这十分钟的经历，对于沈从文，真是太漫长了，甚至比当年在湘川边境翻越棉花坡还要漫长和艰难，但他终于完成了这次翻越。他开口了，原先准备好的话语就像集聚在闸门口的水，一泻千里，竟然把原先预备的一小时的授课内容，统统倒完了。接下去，又是窘迫，无言。最终，他转身在黑板上写道："我第一次上课，见你们人多，怕了。"

下课后，学校里议论纷纷，有人嘲笑说："沈从文这样的人也来中公上课，半小时讲不出一句话来。"这议论传到了胡适的耳中，胡适却笑笑说：

"上课讲不出话来，学生不轰他，这就是成功。"

在选修现代文学的大学一年级学生中，有位美丽端庄的女学生，叫张兆和。张兆和出身名门，曾祖父张树声，是清同治年间李鸿章统领的淮军中的著名将领，曾与太平天国起义军作战，为清王朝立下汗马功劳，后出任两广总督和直隶总督。父亲张武龄继承祖产，受近现代新思潮的影响，投资实业，创办学校，思想开明，凡贫寒人家的孩子上学一律不收学费。张兆和有兄妹十人，她排行第三，当时正十八岁，一直在新式学校读书，既是个标准的大家闺秀，又是个受五四思潮熏陶的新女性。

不知从什么时候起，沈从文的心里有了这位姑娘。当时的沈从文已有二十七岁了，他从未交过女朋友，也没对哪位异性倾心过。这一次，是丘比特的神箭射中了他的心房。他坐卧不宁，寝食难安，眼前老是晃着张兆和那张美丽微黑的俏脸。可每当他在校园里、教室外碰见张兆和，他又不知对她说些什么好，他实在是个口拙的人。

他决定用自己的笔，倾诉对张兆和的好感和爱意。写了第一封情书，接着写第二封、第三封……当张兆和收到了沈从文的情书后，紧张得不知所措，而且起了反感，一个老师，竟给学生写这种东西！可是她不知道该怎样处理这件事，又怕弄得学校里飞短流长，大家面上难看，所以就只当没这件事，听任沈从文一封情书一封情书地寄给她。

张兆和的不置可否，急坏了沈从文，他希望得到张兆和的明确答复，哪怕是片言只语也行。可张兆和不但没有回应，而且平时还躲着他，尽量避免与沈从文照面。沈从文更烦躁不安，他爱张兆和到了发狂的地步，可现实又使他沮丧到要自杀，以死来解脱烦恼。

这件事终于在学校里沸沸扬扬地传开了，张兆和的一个女友对张兆和说：你赶快去对校长说清楚，不然沈从文自杀了，你要负责的。张兆和一听紧张了起来，她带着沈从文给她的一摞情书去找校长胡适，希望胡适能出面制止沈从文继续写情书。她怯怯地对胡适说：

"校长，你看沈先生，他给我写信……我还是个学生，这样不好。"

胡适却微笑着，用一副不必大惊小怪的神气说：

"他的文章写得很好啊，可以通通信嘛。"

得不到校长的支持，张兆和只好继续采取听之任之的态度，情书要写你就写，与我无干。

张兆和的沉默并没有让沈从文知难而退，沈从文那"乡下人"的憨劲与犟劲又上来了，他不屈不挠，继续着这场马拉松式的求爱，一封接一封表白自己情意的信写了整整四年，一直到张兆和从中国公学毕业，回到了苏州家中。这时的沈从文已在山东青岛大学任教。那年暑假，沈从文作了个非常关键的决定，决定亲自去一趟苏州张兆和家，让她给自己一个明确的答复，这个决定最终成就了沈从文和张兆和的美好姻缘。

虽然张兆和从没有回复过沈从文一个字，但那一封接一封滚烫的情书，她还是仔细地读了。沈从文的情书写得真好啊，那些充满感情的文字，那些饱含忧郁的词句，时间长了，全都积淀进了张兆和的心田。哪个少女不怀春？不知不觉张兆和已经习惯了按时接到沈从文的情书，习惯了阅读沈从文向她倾诉的情话。一份连张兆和自己也未意识到的感情，已悄悄地在她心里萌芽了。

一九三二年夏季的一天，沈从文出现在苏州九如巷三号张家的门口，那次的探访，张兆和的妹妹张充和这样记叙：

　　我父亲与继母那时住在上海。有一天，九如巷三号的大门堂中，站了个苍白脸戴眼镜羞涩的客人，说是由青岛来的，姓沈，来看张兆和的。家中并没有一人认识他，他来以前，亦并未通知三姐。

三姐当时在公园图书馆看书。他以为三姐有意不见他，正在进退无策之际，二姐允和出来了，问清了，原来是沈从文。他写了很多信给三姐，大家早都知道。于是二姐便请他到家中坐，说："三妹看书去了，不久就回来，你进来坐坐等着。"他怎么也不肯，坚持回到已定好房间的中央饭店去了。二姐从小见义勇为，更爱成人之美，至今仍然如此。等三姐回来，二姐便劝她去看沈二哥。三姐说："没有的事！去旅馆看他？不去！"二姐又说："你去就说，我家兄弟姐妹多，很好玩，请你来玩玩。"于是三姐到了旅馆，站在门外（据沈二哥的形容），一见到沈二哥便照二姐的吩咐，一字不改地如小学生背书似的："沈先生，我家兄弟姐妹多，很好玩，你来玩！"背了以后，再也想不出第二句了。于是一同回到家中。

沈二哥带了一大包礼物送三姐。其中全是英译精装本的俄国小说，有托尔斯泰、陀思妥耶夫斯基、屠格涅夫等等著作。这些英译名著，是托巴金选购的。又有一对书夹，上面有两只有趣的长嘴鸟，看来是个贵重东西。后来知道，为了买这些礼品，他卖了一本书的版权。三姐觉得礼太重了，退了大部分书，只收下《父与子》与《猎人日记》。

来我们家中怎么玩呢？一个写故事的人，无非是听他讲故事。如何款待他，我不记得了。好像是五弟寰和，从他每月两元的零用钱中拿出钱来买瓶汽水，沈二哥大为感动，当下许五弟："我写些故事给你读。"后来写了《月下小景》，每篇都附有"给张小五"字样。（张充和《三姐夫沈二哥》）

张兆和家是个有兄弟姐妹十人的大家庭。前四朵是姐妹花。大姐元和，二姐允和，三姐兆和，四姐充和，都是有品有貌的才女，后面六个弟弟。张兆和的母亲去世早，父亲又娶了继母，因为办实业，常住上海。苏州的家中就一帮儿女和保姆。张兆和的父亲思想非常开明，对儿女的教育，是让其自由发展，对儿女婚姻恋爱，更加不干涉。儿女如果告诉他，他就笑嘻嘻地接受，从不去查问对方是干什么的，有多少收入等等，对其门户出身更是没有偏见。有一次，一位邻居派了媒人来向他求大女儿，他哈哈一笑说："儿女婚事，他们自理，与我无干。"从此再没有人向张家提亲了，张家的保姆常对外人说："张家儿女婚姻让他们'自己'去'由'，或是'自己'去'自'来的。"

沈从文去过一趟苏州，与张家兄妹都较熟悉了，张兆和收了他的礼物，对他也算有了点反应，沈从文感觉好多了。接下来，他又二赴苏州。

沈从文二次赴苏州后，便和张兆和一起去了上海，看望张兆和的父亲与继母。这次拜会含有相亲的意思。张兆和的父亲与沈从文很谈得来，彼此心照不宣。其实，在这次赴苏州前，沈从文就写信给张兆和的二姐张允和，请她征询她父亲的意见，并跟张兆和说："如果你爸爸同意，请一定让我早些知道，让我这个乡下人喝杯甜酒吧。"

在得到父亲的意见后，张允和与张兆和姐妹俩一同去了邮局，分别给沈从文拍发了份电报。张允和在电文中只用了自己名字上的一个字："允"。而张兆和的电文是这样说的："乡下人喝杯甜酒吧"。电报员好奇怪，问张兆和这是什么意思，张兆和不好意思地说："你甭管，照拍好了。"

至此，沈从文对张兆和长达四年的马拉松式的追求总算有了圆满的结果。

生离死别

在沈从文到上海中国公学任教不久，他的好朋友胡也频、丁玲从济南回到了上海。沈从文立即去看望了他们。从他们两人的口中，沈从文才知道原来在济南的学校里，胡也频积极宣传无产阶级文学观，并组织了一个文学研究会，参加的同学有四五百人之多，这个研究会后来领导着学校里的学潮，与教育界的黑幕作斗争，直到省政府下令通缉胡也频，校长让他赶紧离开济南，胡也频和丁玲才逃离了山东。

不久，胡也频和丁玲在上海加入了中国左翼作家联盟，胡也频被选为执行委员，并担任工农兵文学委员会的主席。胡也频劝沈从文也参加左翼作家联盟，他希望沈从文这个亲如兄弟的朋友能与自己走在一条道路上。

沈从文这个"乡下人"却有自己的想法，他对胡也频说:"文学方向的自由正如职业选择的自由一样,在任何拘束里我都觉得无从忍受。"因为沈从文明白自己,之所以走上这条文学道路,完全是为了摆脱人身的依附,从湘西到如今,这条"独立"之路走得很艰难,他担心任何一种新的"依附"都会使自己的"独立"失去。

> 尽管我从来不觉得我比那些人有丝毫高尚处,而且居多还感觉到自己的充满弱点性格的卑微庸俗,可很难和另一种人走同一道路。我主要就是在任何困难下,需要有充分自由,来使用我手中这支笔。(沈从文《记胡也频》)

沈从文对左翼文学运动的态度,使三个朋友间的友谊出现了一条看不见的裂痕。丁玲甚至认为沈从文是个动摇分子,"又反对统治者,又希望自己能在上流社会有些地位",胡也频则感叹他与沈从文在精神上有了距离。

一九三〇年,胡适预备离开中国公学,因为沈从文实在不会照料自己,胡适便对沈从文说:"你还是去武汉大学吧，让凌叔华管管你的生活。"这年秋天，沈从文去武汉大学担任现代文学史的教学。在武大期间，凌叔华对他很照顾，经常叫他去家中吃饭。

一九三一年一月，学校放了寒假，沈从文回到上海，这时胡也频已加入中国共产党，并被推选为全国苏维埃区域代表会议的代表。丁玲刚生了个儿子，才两个月。

一月十七日中午，胡也频来到沈从文的住处，告诉沈从文白色恐怖很厉害，他们的住处附近昨天刚抓走一人。自己想搬家，手头一个钱也没有，哪儿也去不了，而房东的儿子死了，他想送副挽联，要沈从文帮他想好措辞，下午去他那里写。接着胡也频又跟沈从文谈起成立作家协会的事。胡也频希望成立这样一个机构，以便与盘剥作家的商人对抗，争取作家的权益。

沈从文却担心主持协会的人能力不够，不能寄予很大的希望。

胡也频激动地对沈从文说：

"……明明白白知道这种计划并不能够得到很好的结果，但总得有人热心去做！希望大一点并不妨碍这份事业的完成。目的在那一方面，眼前事实只许我们做到这方面，我们也得去试试。我以为用较生疏较艰难的事情，训练我们的能力，即或失败了，也比因为畏难苟安保守现状较好。"

沈从文看着胡也频日夜操劳而瘦长了的脸，就什么话也不说了，他想，胡也频做事比自己认真，而自己却想得比他透彻。

这个问题两人讨论了近一个小时，最后，胡也频被沈从文说服了，"不必对这个协会抱太大的希望"。沈从文也被胡也频说服了，"加入协会"。

胡也频临走时从沈从文那里要了几块钱，说是先去先施公司买做挽联的白布，就与沈从文握握手，挤挤眼睛，笑眯眯地告别走了。

下午，沈从文去了胡也频住处，可胡也频没有回来，晚上沈从文又去，胡也频仍没回来。

从胡也频的住处回到宿舍已是晚上七点左右，楼梯口瑟缩着一个衣衫褴褛的老人，听说沈从文回来了，连忙站起身来，掏出了一张纸条塞进沈从文的手里。沈从文拿到灯光处一看，是胡也频的字迹，上面草草写着：我因事到××饭店，被误会逮捕了，请你赶快去求胡适先生，保我出来。

沈从文急了，把那老人拉回房间，想问问仔细，老人只是摇头，又指那信，沈从文再仔细看，原来信的纸角上还有一行小字，要沈从文给送信人五块钱。沈从文忙掏出五元钱递过去，老人才说：要赶快一点，押到南京就难办了。沈从文又让他带信进去，老人说不用写，带口信就行。沈从文便让老人转告胡也频不要心慌，自己会在外面尽力想办法。

原来胡也频与沈从文分手后，去参加中国共产党江苏省委负责人何孟雄主持的会议，被国民党军警发现，结果包括胡也频、柔石、殷夫、冯铿等在内的与会者全部被捕。

沈从文当晚又去了胡也频、丁玲的住处，把这个消息告诉丁玲。丁玲正在奶孩子，还一边翻阅一本通俗下流的小说集，沈从文看见皱了皱眉头，丁玲连忙把书递给沈从文，原来是本里面挖空，放了什么文件的不平常的书。丁玲默默地看了胡也频的字条，赶紧与沈从文商量如何营救。

第二天，沈从文通过各种关系，找了许多熟人从中斡旋，有胡适、蔡元培、邵力子、上海市市长张群，还有国民党要人陈立夫。最后知道，胡也频正关押在龙华监狱。

那天，天阴沉沉的，刮着大风，飘着雪花，沈从文陪着丁玲一大早就赶到龙华探望胡也频。

排了整整半天的队，又冷又饿，才拿到了一张纸条，可拿了纸条，还是不准进，因为胡也频是因政治嫌疑被捕的，不允许与家人见面。沈从文这才仔细看看手中的纸条，上面竟写着"不准"二字。丁玲与沈从文固执地等在监狱外面寻找机会，不肯就这么半途而废，两人的心里不知有多凄惨。

那天的风又大又冷，两人的身体都冻僵了，一直守到下午，查票放行的士兵不如先前认真了，他们才乘机随着人流挤了进去。许多犯人拥在铁条横梗的窗边，可里面没有胡也频。沈从文与丁玲找到管狱的人，递上纸条，那人问：明明写着"不准"，还来做什么？他俩说尽好话，求他若不能见，捎些东西进去行不行？最后总算说通了，东西不准带进，可以送点钱进去。沈从文与丁玲站在窗口等候收条时，听见门内有脚镣的声音，朝里望去，正是胡也频，丁玲便大声叫着："频！频！"胡也频听见了，放慢了脚步，转过身，扬了扬戴着铁铐的双手，即刻又消失在门背后了。这次见面，就是胡也频与沈从文、丁玲的永诀。二月七日，胡也频、柔石、冯铿等"左联五烈士"被国民党当局在龙华秘密枪杀。

沈从文三赴南京，花钱找不少国民党要人营救胡也频的努力终成泡影。

得知胡也频牺牲的消息，沈从文赶紧去报告丁玲。丁玲强压着悲痛，把睡熟了的孩子放进摇篮里，轻轻地拍着孩子，轻轻地说：

"小东西，你爸爸真完了，他的事情还没完，好好地睡，好好地吮喝，赶快长大了，接手做爸爸还没做完的事情。"

沈从文突然发现，这时丁玲的身上，显现出一种极美丽动人的母性光辉。

当时上海的各种小报常报道，说当局要对烈士的孤儿寡妇一网打尽，丁玲的处境十分危险。丁玲收到了母亲的来信，说想来上海看看小外孙。丁玲生怕母亲年纪大了，经受不住这个打击，想把孩子送回湖南老家去。沈从文决定亲自护送丁玲和孩子回湖南。在这之前，丁玲与孩子一直藏身在沈从文兄妹家中。

沈从文找朋友借了些钱，丁玲刚好又拿了一笔稿费，路费才有了着落。他们从上海坐船到汉口，再由汉口搭小火轮穿过洞庭湖，走了九天才到达常德。此时的丁玲离开家乡已有五年，而沈从文，整整十年没有回过家乡。河滩上的小船，水面浮着的竹筏，一切与当年沈从文在乡下军队里路过时一样，只是再也找不到一张熟悉的面孔。

在常德的小码头上，不足百米的路，他们的行李竟然受到六次严密的检查，原以为这里防共产党，后来才知道是检查烟土和吗啡。

把丁玲安全地护送到家后，丁玲将孩子交给自己的母亲抚养，几天后又与沈从文一起返回了上海。

为营救胡也频与护送丁玲，沈从文耽搁了回武大任教的时间，现在他只好留在上海，继续自己的写作。

五月份，徐志摩写信给沈从文，说若在上海厌倦了，就来北平吧。沈从文便去了北平。

六月，丁玲写信给沈从文，说她正在办一份左翼文学刊物《北斗》，约他写稿。听说丁玲又出来编刊物了，热情帮忙的人很多，冰心第一个就为她写了首长诗，沈从文也写了《黔小景》寄去，发在该刊物第一卷第三期上。

八九月间，沈从文为了悼念自己最好的朋友，写下了长篇回忆散文《记胡也频》。他在文章中写道：

> 我觉得，这个人假若是死了，他的精神雄强
> 处，比目下许多据说活着的人，还更像一个活人。

文章写成后，沈从文应丁玲的要求，寄去给她过目，丁玲觉得有些段落沈从文写得主观了些，但她未作修改，保留了文稿的原貌付印了。

一九三一年秋天，沈从文又从北平去了青岛，在青岛大学执教鞭。一直到了第二年夏天，沈从文去苏州张兆和家，然后到上海，才重逢丁玲。这一次沈从文几乎认不出她来了，她长胖了，穿了件淡蓝薄洋纱的长袍，一双黄色方头皮鞋。这次见面，直到丁玲被捕复出后，沈从文去南京探望，四年间两人不仅没有再见面，连通讯都断绝了。

一九三一年，对沈从文来说，是个不幸的年头，他接二连三地失去了朋友。

一九三一年十一月二十一日，沈从文听到了徐志摩因飞机失事，已于两天前不幸遇难的消息。这个消息让沈从文惊愕得说不出话来，他的心像被重锤猛击了一

下，紧紧地收缩了起来。徐志摩，这个才华横溢的诗人，这个无私诚笃的君子，是他对自己的关心和扶持，才坚定了自己走上文学道路的信心，是他对自己多次伸出援手，自己才没成为北京街头的饿殍。沈从文想到这位挚友、兄弟从此已阴阳永隔，难过得流下了热泪。

沈从文连夜赶到济南，参加了与徐志摩告别的仪式。

徐志摩的棺木放在济南福缘庵，棺盖上放着用铁树叶编成、犹如古希腊雕刻图案的花圈，它是梁思成、林徽因夫妇敬献的，赶来为徐志摩送行的还有不少他的生前友好，有金岳霖、张奚若、郭有守、张慰慈等人。

望着徐志摩的遗像，沈从文突然感到生命的脆弱与无常。他少时在故乡的玩伴，绝大多数都在各种战事中失去了生命，如今，他又失去了最好的两个朋友，自己将在孤独、寂寞中走完自己的人生之路……泪水又一次模糊了沈从文的双眼。

营救丁玲

　　一九三三年五月十四日，丁玲因叛徒出卖，被国民党特务秘密逮捕。

　　丁玲失踪的消息被各大报纸披露，沈从文从报上得知这个消息，他预感胡也频的命运将又一次降临在丁玲身上。满怀着对国民党当局迫害进步作家罪行的愤怒，沈从文挺身而出，不顾自己的安危，用手中的笔，大声向社会、向人民控诉。

　　五月二十五日，在丁玲失踪十一天后，沈从文奋笔疾书，写出了《丁玲女士被捕》一文，并于六月四日发表在《独立评论》上：

　　　　丁玲女士只是一个作家，只为了是一个有左倾思想的作家，如今居然被人用绑票方法捕去，毫无

150

下落。政府捕人的方法既如此，此后审判能不能按法律手续，也就不问可知了。国民党近年来对于文艺政策是未尝疏忽的，从这种党治摧残艺术的政策看来，实在不敢苟同。像这种方法行为，不过给国际间有识之士一个齿冷的机会，给国内青年人一个极坏印象，此外就是为那政策散播一片愚蠢与不高尚的种子在一切人记忆中而已。

丁玲被捕失踪后，上海文化界知名人士联合发起了营救活动，沈从文积极参与这些活动。六月份报纸与社会上都盛传丁玲已被杀害。沈从文找了许多朋友打听，都得不到确切的消息，他从胡也频的命运联想到丁玲的命运，不得不相信这是真的。同年六月，沈从文创作了以丁玲死难消息为背景的纪实小说《三个女性》，来寄托自己对亡友的悼念。在小说中，主人公实际上是没有直接出现的"革命的女子"，作者通过三个女性的议论，塑造了她"革命、吃苦""朴素""切实工作"等种种优良品格，夸赞她"有些地方男子还不如她"。

这时，社会上围绕丁玲失踪事件，谣传很多。有说丁玲已被杀害的，有说丁玲已向国民党当局自首投降的。而国民党当局却慑于国内外舆论的压力，拒不承认逮捕了丁玲。有一个名叫张铁生的燕京大学学生，在报上散布谣言，污蔑丁玲正和一个姓马的特务躲在莫干山中同居。沈从文非常痛恨这些对丁玲进行人身攻击的造谣者。六月四日，他再次奋笔疾书，写下了《丁玲女士失踪》一文，发表在六月十二日的《大公报》上，文章援引了丁玲托人带出的口信"我已被诱捕，不自由"的消息，继而对国民党政府的暗杀政策提出抗议：

> 为这件事抗议的作家，人已不少，其他暂时沉默的，正在等候政府一个合理的处置。这个人不能用"失踪"作为结论，她若因此失踪，我的预言是，将来还会有若干作者，相信除了年轻人"自卫"且指示自卫方法外，别无再好的话可说。

沈从文的抗议招来了国民党反动派走狗的攻击和谩骂，他们在《庸报》上下流地编造了许多沈从文与丁玲的谣言，说过去沈从文在北京的许多公寓和在上海的萨坡赛路二〇四号都是与丁玲、胡也频三人同居的，是三角恋爱的关系等等，这类充满了污言秽语的文章引起了上海文化界人们的愤怒，人们鼓励沈从文打官司告《庸报》，《庸报》得知后，赶紧派人向沈从文道歉，事情才作罢。

七月份，沈从文又写下了长篇回忆文字《记丁玲女士》，在《国闻周报》上连载。在《记丁玲女士·跋》里，沈从文这样写道：

他们的努力，只是为了"这个民族不甘灭亡"的努力，他们的希望，也只是"使你们不做奴隶"的希望，他们死的陆续在沉默中死掉了，不死的还仍然准备继续死去。他们应死的皆很勇敢地就死，不死的却并不气馁畏缩。只是我想问问：你们年轻人，对于这件事情，有过些什么感想？当不良风气黑暗势力已到一个国内外知名的文学作家可以凭空失踪，且这作家可以永远失踪，从各方面我们皆找寻不着一个能为人权与法律的负责者，也找寻不着一个为呼吁人权尊严与法律尊严的负责者时，你们是不是也感觉到些责任？

一个前进作家他活下来时，假若他对于人生还有一点较遥远的理想，为了接近那个理想，向理想努力，于生活中担受任何不幸，他是不至于退缩的。他看准了他应取的方向，他对于他的牺牲更认为极其自然。他相信光明与正义所在，必不至于因为前面触目惊心地牺牲了，就阻止了后面赴汤蹈火地继续。他明白一页较新的历史，必须要若干年轻人的血写成的。(同这个社会种种恶劣习气作战，同不良制度作战，同愚蠢作战，他就不能吝惜精力与热血!) 他们力尽气竭后，倒下了，僵了，腐烂了，好像完事了。在一般人记忆中，初初留下一个鲜明活跃的影子，一堆日子也慢慢地把这些印象弄模糊了，拭尽了。可是，他们却相信，他们强悍的生、悲惨的死，是永远不会为你们年轻人忘掉的!

沈从文如此大胆地在文章中抨击黑暗腐朽的社会制度，如此热情地讴歌共产党人前仆后继的顽强精神，必然引起反动派的不满。一九三四年，《记丁玲女士》结集为《记丁玲》交上海良友图书印刷公司出版时，遭到了国民党中央宣传部图书审查委员会的严重删削。

《记丁玲》出版的当天，鲁迅就在致赵家璧的信中这样评述：

《记丁玲》中，中间既有删节，后面又被截去这许多，原作简直是遭毁了。以后的新书，有几部恐怕也不免如此罢。（《鲁迅全集》第十二卷）

丁玲其实一直被国民党秘密囚禁在南京，一九三三年十月曾解押去莫干山，随后又被软禁在南京。后因丁玲被迫给当局写下"回家养母，不参加社会活动，未经过什么审讯"的保证，监禁才略见宽松。一九三六年一月，丁玲开始给《大公报》副刊《文艺》投寄稿件，而沈从文当时是《大公报》的"顾问"，他立即得知丁玲的住址，不久，便去了南京首蓿园探望丁玲。

四年未见面的老朋友，相见交谈却不甚融洽，原来丁玲心里对沈从文有了芥蒂。有人在丁玲面前说，丁玲被捕期间，有人曾建议用沈从文的名义把丁玲母亲从湖南接到上海，向当局要女儿，可沈从文不愿意。再者，一九三四年，沈从文母亲病重他返回湘西探母，路过常德却没有去看望丁玲的母亲。这两件事都是由第三者转述的，是否属实，无从确证。但丁玲终因心存芥蒂，结束了她与沈从文长达十一年的友谊。

结婚

一九三三年沈从文在青岛大学任教时，他和张兆和的爱情也到了瓜熟蒂落的成熟期。年初，他俩订了婚，张兆和便从苏州来到青岛，与沈从文兄妹共同生活。

沈从文不会料理自己的生活是出了名的，他当时月薪一百元，供自己与九妹的生活应该是绰绰有余的。可每到月初，发了薪，两人不是看戏看电影，就是下馆子，很快钱就花光了，弄得下半个月要挨饿。九妹也整天东游西逛，无所事事，说是没钱交学费所以不上学。张兆和来到青岛后先安排九妹上学，然后料理家务，很快一切都妥妥帖帖的了。白天，两人各忙各的，傍晚，在海风的吹拂下，两人在海边散步、谈心，那段生活真是又甜蜜又浪漫。

夏天，青岛大学校长杨振声接受了为华北中小学生编写教材和基本读物的任务，辞去了大学校长的职务，而后，他又邀请沈从文参加这个编撰班子。沈从文慨然应允，学期结束后，他就和张兆和、九妹一起来到北平。参加这项工作的还有朱自清等人。

刚到北平，他们暂居在杨振声家中。张兆和本来打算在北平再读几年书，但看看沈从文身边实在需要人照料，她决定为了沈从文放弃读书，尽快结婚。

一天，杨家的大司务把沈从文穿脏换下来的裤子拿去洗，发现口袋里有一张当票。他立即交给了杨振声。杨振声赶紧预支了五十元薪水给沈从文急用。原来是张兆和把自己的一只纪念性戒指交给沈从文当掉了，以解燃眉之急。杨振声知道后说："人家订婚都送给小姐戒指，哪有还没结婚，就当小姐的戒指之理！"

张兆和家是个旧家，有不少财产。女儿结婚是要给陪嫁的，二姐张允和结婚时，张家送了两千块钱做陪嫁。沈从文人穷志不穷，他写信给张兆和的父亲，表示结婚不要张家一分钱。张兆和的父亲见信很高兴，向家里夸奖了这个有志气的女婿。

一九三三年九月九日，沈从文与张兆和在北平中央公园的水榭结婚。婚礼办得极为简朴，没有仪式，也没有主婚人、证婚人。张兆和穿了件豆沙色普通绸旗袍，沈从文穿件蓝毛葛的夹袍，都是张家大姐张元和在上海为他们缝制的。来参加婚礼的大都是沈从文文艺界和大学里的朋友。

新居安在西城达子营，小小的院落，有一棵枣树、一棵槐树，还有正房三间外加厢房，厢房便是沈从文的书房兼客厅。沈从文戏称它为"一枣一槐庐"。新房中没什么陈设，四壁空空的，直到后来才塞满了沈从文四处选购来的书籍和瓷器漆器。新房里也没什么新婚气象，只有两张床上各罩了一幅锦缎百子图的床罩才略显喜气，这是梁思成、林徽因夫妇送的贺礼。

还是在结婚前的一个晚上，新房里刚刚搬了点东西进去，张家四妹充和突然发现有一小偷在院中解网篮，她大声喊了起来："沈二哥，起来！有贼！"沈从文听见了也叫："大司务，有贼！"大司务便应声吆喝，一阵虚张声势后，再开门一看，小偷早已爬树上屋溜了。大家这才发现沈从文手里紧紧地握住一件武器—— 一把牙刷。

沈从文十分满意自己的婚姻，他不仅在生活中得到了忠实的伴侣，而且事业上也有了得力助手。

一九三三年九月，就在沈从文结婚的那个月里，沈从文应《大公报》之聘，主持该报副刊。在此后的几年里，都是沈从文一人亲力亲为，主编《大公报》副刊《文艺》。每期稿件由沈从文在北平编好，然后寄天津报社发排。张兆和在其中出了很多力，看稿、改稿她都帮忙。张兆和的文字修养不错，她也学着写小说，收进沈从文小说集的《玲玲》，就出自张兆和之笔。后来谈起这事，张兆和总笑着说：

　　"他有点无赖，不知怎么就把我的小说收到他的集子。"

　　三十岁的沈从文既成了家又立了业。他主持的《大公报》副刊成了北平文艺界的一面旗帜，团结了一大批有实力的作家，都是中国文学运动的中坚，他们是：朱自清、冰心、周作人、凌叔华、俞平伯、废名、巴金、朱光潜、张天翼、老舍、李健吾、林徽因、靳以、何其芳、沙汀、艾芜、萧乾、陈荒煤等等，这批作家当时被称为"京派作家"。

　　沈从文的"新房"成了作家往来聚会的重要场所。一九三三年秋，巴金刚到北平，就曾在沈从文家住过半年。朱光潜、靳以、李健吾、萧乾更是沈从文家的常客。登门最多的，还是给《大公报》副刊投稿的文学青年。沈从文对新旧朋友无不热情接待。在扶持青年作者、奖掖后进方面，沈从文更堪称模范。

沈从文从没有忘记自己十年前初到北京时的窘迫和穷困。投稿无门，生活无着落，自己的稿件被编辑揉成一团当垃圾一样扔掉。这种心灵受辱的痛苦他不愿再发生在年轻一代的文学青年身上。他认真对待每一位文学青年的来信，常常亲自动笔为新人的文章删削、润色，然后刊出。看《大公报》副刊上不能采用的，他便想方设法介绍给其他刊物。对上门来请教创作与学习问题的青年，他不管有多忙，总是有求必应，循循善诱，这项工作花去他很多精力，占用了许多时间。

对待生活处于困境的文学青年，沈从文常常慷慨解囊。在他那个小小的朴素的家中，时常可以看见穷困学生、文学青年留下来用饭和向他借贷，尤其是逢年过节，即使自己家中所剩无多，沈从文都会尽其所有帮助他们，因为自己经历过那种无助无望的人生痛苦。有一次，张兆和的大弟张宗和约了四妹张充和靳以一同去看戏，在沈从文家集中。谁知正好碰上有人上门借钱。沈从文自己手头也告了急，就对弟妹们说：

"四妹，大弟，戏莫看了，把钱借给我，等我得了稿费还你们。"

弟弟妹妹们碍着情面，把口袋里所有的钱都掏了给他。后来他看见靳以还批评说：

"他们是学生，应该多用功读书，你年长一些，怎么带他们去看戏？"

靳以被他说得一愣一愣的，不好说什么。以后弟弟妹妹去看戏，再也不经过他家了。

沈从文在编撰教科书、编辑《大公报·文艺》的同时，还继续坚持着自己的文学创作。婚后的生活稳定了，他的创作也进入了成熟期。这个时期沈从文的作品不仅产量高，而且形成自己独特的艺术风格，他在中国文坛上的地位迅速上升，成了一名引人瞩目的重要作家。一九三四年《人间世》杂志向国内知名作家征询"一九三四年我爱读的书籍"的意见，老舍和周作人不约而同以《从文自传》作答。中国人民的朋友埃德加·斯诺在介绍中国新文学成就的作品集《活的中国》的序言里这样说：

后来我又去物色并得到几位中国主要作家的合

作，他们协助我挑选同时代人有代表性的作品……通过萧乾，还得到沈从文和巴金的协助，这两位对现代中国文学的发展都有过巨大影响。

…………

我还发现中国有些杰作篇幅太长，无法收入到这样一个集子中去……鲁迅的《阿Q正传》就属于这一类。还有茅盾的《春蚕》和沈从文那部风行一时的《边城》。(《新文学史料》一九七八年第一期)

鲁迅在与斯诺谈及中国新文学代表作家时也说：自从新文学运动以来，茅盾、丁玲女士、张天翼、郁达夫、沈从文和田军是所出现的最好的作家。(《新文学史料》一九七八年第一期)

论争

一九三三年，随着沈从文在文坛地位的上升，并被视为京派作家的代表人物，他被卷入了一场论争之中。

一九三三年十月，沈从文在《大公报·文艺》发表了一篇题为《文学者的态度》的文章，批评了当时文坛存在的不良风气。他认为有些人不认真创作，而对自己的作品自吹自擂或相互吹捧，"力图出名"，"登龙有术"。这些人败坏了文坛的风气，希望有志于文学事业的年轻人，从这种"白相""玩票"的态度中摆脱出来，才能有望产生伟大作品。

这篇文章引起了身居上海的杜衡的不满，他马上写文章反驳，文章的题目为《文人在上海》。他联系沈从文曾提过"海派"与"京派"的说法，为"海派"辩护，讥讽沈从文以人的籍贯列罪，把居留上海的文人一笔抹杀，有失公道。

第二年一月，沈从文又写了《论"海派"》，回答杜衡的指责。他把"海派"定义为：

> 如旧礼拜六派一位某先生，到近来也谈哲学史，也说要左倾，这就是所谓海派。如邀集若干新斯文人，冒充风雅，名士相聚一堂，吟诗论文，或远谈希腊罗马，或近谈文士女人，行为与扶乩猜诗谜者相差一间。从官方拿到了点钱，则吃吃喝喝，办什么文艺会，招纳子弟，哄骗读者，思想浅薄可笑，伎俩下流难言，也就是所谓海派。感情主义的左倾，勇如狮子，一看情形不对时，即刻自首投降，且指认栽害友人，邀功侔利，也就是所谓海派。因渴慕出名，在作品之外去利用种种方法招摇；或与小刊物互通声气，自作有利于己的消息；或每书一出，各处请人批评；或偷掠他人作品，作为自己文章；或借用小报，去制造旁人谣言，传述撮取不实不信的消息，凡此种种，也就是所谓海派。

沈从文在文章中小心翼翼地把鲁迅、茅盾、叶绍钧等当时居住在上海的作家排除在"海派"之外，同时还指出，"海派作家与海派作风，并不独存在于上海一隅"，在北方也同样存在。

　　沈从文与杜衡的争论，引起了鲁迅的关注。二月份，他在《申报·自由谈》上发表文章。他指出杜衡对沈从文的本意理解不准确，"京派"和"海派"不是指作者的本籍，而是指所居住的地域，"海派"只是沈从文归纳文坛风气的代名词。鲁迅说：北京是明清的帝都，上海乃各国之租界，帝都多官，租界多商，所以文人之在京者近官，在海者近商。"京派"是官的帮闲，"海派"则是商的帮忙。而做官的鄙视经商的，历来是中国的旧习，所以"海派"便在"京派"眼中跌价了。

　　由于鲁迅的加入，论争在一个月中，有许多文章在各种报刊上刊登，沈从文翻阅了这些文章，结果都让他失望。他最初的期望是通过讨论，消灭这种文坛坏习气。可参加讨论的文章不是没有看懂文意，乱写一气，就是断章取义，挑一两句自己感兴趣的话，插科打诨，幽默一下。对于这样的一些文章，沈从文表示自己再无其他意见可说，他在二月十七日的《关于海派》的文章中宣布放弃讨论。

在这次论争中，鲁迅把沈从文归于"官的帮闲"一类京派文人之中，这就隐伏了随后而来的论争的因子。

当时，国民党正加紧对左翼文学运动的"文化围剿"。在上海就查禁了一百四十九种书籍，其中大多是左翼作家的著译。

随即，沈从文写了《禁书问题》，对这种迫害作家的行为提出抗议。他把这种禁书行动与两千年前的焚书坑儒相提并论，指出这是残忍与愚昧的行动，他诧异当时主持文化教育的当权派，还都是些曾经从轰轰烈烈的五四运动中走过来的人。

文章刊出后，立即遭到国民党控制的刊物的攻击。当时这种指控是会致人死命的。沈从文的朋友施蛰存马上写文《书籍禁止与思想左倾》为沈从文辩护。

施蛰存的文章引起了鲁迅的注意，他在《新语林》上发表《隔膜》一文，援引古代史实，说明历代统治者都是不准人"越俎代谋"的，而进言者由于揣摩不了统治者的心理，自以为"忠而获咎"，这就是"隔膜"。鲁迅在文章的最后还挑明说：施蛰存在为"忠而获咎"者鸣不平。这个"忠而获咎"者当然就是指沈从文。

沈从文在《禁书问题》中，提出将被禁书籍提交一个"更有远识的委员会重新加以审查"的建议，实乃一介书生的天真想法，而施蛰存出于关心朋友安危而作的辩护，在当时的环境下，也是可以理解的。

　　一年之后，沈从文的另一篇文章又引起了鲁迅的注意。沈从文在《谈谈上海的刊物》的文章中对上海出版的各种刊物进行了综合评述，对一些刊物为了谋求销路，不惜"针对一个目的"，向"异己者"加以"无怜悯不节制的嘲讽与辱骂"的现象提出批评。他指出：

　　　　我们是不是还有什么方法可以使这种"私骂"占篇幅少一些？一个时代的代表作，结起账来若只是这些精巧的对骂，这文坛，未免太可怜了。

　　这些批评其实贯穿着沈从文的一贯文学主张。沈从文从来就反对文坛的争论，希望作家能把主要精力用于作品创作。他反对文学与政治结缘。认为一切理论的辩难都不能根本解决问题，作家最根本的，是拿出自己过硬的作品说话。

　　鲁迅写下了《七论"文人相轻"——两伤》的文

章，反驳沈从文关于"私骂"的议论。鲁迅认为名曰"私骂"，其实在"私"里，有的较近于"公"，在"骂"中，有的更合于"理"。在旁边相看的人，应该明明白白地说出你究竟以为哪一面比较"是"，哪一面比较"非"。而作为一个作家，"不但要以热烈的憎，向'异己'者进攻，还得以热烈的憎，向'死的说教者'抗战"。他认为"在现在这'可怜'的时代，能杀才能生，能憎才能爱，能生与爱，才能文。"

沈从文与鲁迅的三次论争，焦点都不在沈从文批评的对象本身该不该批评上，其实沈从文批评的文坛的"登龙术"、相互攻讦辱骂现象，周作人、林语堂等人关于幽默闲适小品文的提倡，国民党推行的禁书政策等问题，鲁迅同样提过激烈的批评，他写的《登龙术拾遗》《中国文坛上的鬼魅》《小品文的危机》《辱骂和恐吓决不是战斗》等著名杂文就是最好的证明。鲁迅与沈从文之间的分歧，反映出左翼作家与民主主义作家有相互一致的方面，又有出发点与对问题具体理解不同的一面。这种分歧又与他们同国民党右翼文人的斗争交织在一起，显现出极其复杂的局面。

自一九三六年底至一九三七年，沈从文又就"差不多"的问题与茅盾发生论争。沈从文认为当时青年作家的作品缺乏个性，形成了内容差不多、所表现的观念差不多的现象。一九三六年底，他著文批评了这一现象。很快，"差不多"问题的讨论就在北方达到了高潮，一九三七年七月，茅盾对沈从文提出的"差不多"观点进行反批评。他认为沈从文的"差不多"现象是对新文学二十年成绩的抹杀。

这次论争前后持续了一年多。"差不多"这三个字在文艺界也就成为了一个流行名词。

《边城》

一九三四年一月，沈从文接到家里的来信，说母亲病重，想在活着的时候能见上他一面。沈从文便匆匆踏上了归乡的路途。

十余年来第一次回到家乡湘西，沈从文只在母亲身边待了三天。邻省江西正在第五次"围剿"红军根据地，一路对外来行人盘查很严，家乡的人都知道他与丁玲、胡也频的关系，怀疑他是共产党，对他躲躲闪闪。连家里人都感到了压力，便劝沈从文赶快返回北平。

湘西变了，变得陌生了，它不再是沈从文十年来想象与回忆中的湘西了。沈从文明白，回忆里的湘西是经过自己情感蒸滤过的土地。

一入辰河流域，什么都不同了。表面上看来，事事物物自然都有了极大进步，试仔细注意注意，便见出在变化中那点堕落趋势。最明显的事，即农村社会所保有那点正直素朴人情美，几几乎快要消失无余，代替而来的却是近二十年实际社会培养成功的一种唯实唯利庸俗人生观。（沈从文《长河·题记》）

带着怀旧、痛惜情感的沈从文回到北平后，就开始了《边城》的创作。《边城》是一篇怀旧温暖的作品，它说的是湘西昨天的故事，寄托着沈从文难以忘怀的对那块古老土地上原始而纯朴的人性美的眷念。

在碧溪白塔下，有一个靠摆渡为生的老船夫，他已年过七十。而与他相依为命的外孙女翠翠才十七岁，她"在风日里长养着，故把皮肤变得黑黑的，触目为青山绿水，故眸子清明如水晶"。她天真活泼，心地善良，既有着少女的羞怯，又有着大自然赋予她的一股生气，充满着青春活力。自从在渡口初次遇见了船总顺顺家的傩送二老，翠翠一下子就被这英俊勇敢又关心体贴人的小伙子吸引住了。翠翠恋爱了，但她的爱情并不一帆风顺，爷爷不了解她的心思。在与二老的交往中，又有一系列的误会产生，翠翠烦恼、忧愁，但她仍做着各色各样美丽甜蜜的梦。

爷爷的心灵深处却隐藏着忧郁。十七年前，他的独生女悄悄爱上了个屯防军人，两人曾想双双私奔，但男的又不愿有损军人的名誉，女的则难舍孤单的父亲。后来军人服毒自尽，女儿在生下了军人的孩子翠翠后，故意到溪边喝了许多冷水，也悲惨地死去了。翠翠由老船夫一手养大。爷爷撑船摆渡，风里雨里，白天黑夜，五十年如一日，忠于自己的职守，深得小城人的拥戴和尊重。可爷爷却时刻惦记着外孙女的将来，"翠翠既是她那可怜的母亲交把他的，翠翠大了，他也得把翠翠交给一个人，他的事才算完结！"老人老了，他最担心的就是留下翠翠一人在这个世界上，他不放心。当他发现翠翠恋爱得不顺利，又"隐隐约约便感觉到这母女二人共同的命运"。这"命运"仿佛是给了老人当胸一拳，他终于无力再去抗争，在一个雷雨交加的晚上，伴随白塔的坍塌而死去了。

翠翠把爷爷埋葬了，心里却更坚定了自己对二老的爱恋。白塔倒了，又重新修好了，可那个在月下唱歌，使翠翠在睡梦里为歌声把灵魂轻轻浮起的年轻人，还没有回来。翠翠等着，等着，一颗对爱情忠贞不渝的少女的心，在时间的流逝中永远跳动着。

《边城》充满了诗情与画意。这诗情和画意不只是来自美丽的青山绿水，更主要的是来自川湘交界那小小山城的淳厚民风，来自天真纯洁男女的爱情颂歌。《边城》是一幅描绘人性的风俗画，一首讴歌人性的赞美诗。它像一杯酽酽的香茶，越品越醇。九十多年后的今天读来仍让人心醉，它的艺术魅力是永恒的。

《边城》被公认为是沈从文的代表作。它既是现实主义的，又是浪漫主义的。因为沈从文表现的是一种理想化的现实。他想通过自己的作品，为人间留住一点美好的永恒的东西，让它生长着并常绿常新，以利后人。

沈从文曾在《从文小说习作选·代序》中说：

这世界上或有想在沙基或水面上建造崇楼杰阁的人，那可不是我。我只想造希腊小庙。选山地做基础，用坚硬石头堆砌它。精致、结实、匀称，形体虽小而不纤巧，是我理想的建筑。这神庙里供奉的是"人性"。

我要表现的本是一种"人生的形式"，一种优美、健康、自然，而又不悖乎人性的人生形式。

　　这就是沈从文创作的座右铭，人性，是沈从文创作的起点和归宿。他创作的《边城》及其他形形色色的故事与人物，都可以说是以人性为"轴心"向四面辐射出来的。《边城》的人性美集中表现了一个"爱"字：男女之爱、亲子之爱、朋友之爱、人类之爱……沈从文赞赏、提倡的正是这样的"爱"。

　　沈从文曾在回故乡时写给张兆和的信中，极其诚挚地写道：

　　　三三，我因为天气太好了一点，故站在船后舱看了许久水，我心中忽然好像彻悟了一些，同时又好像从这条河中得到了许多智慧。三三，的的确确，得到了许多智慧，不是知识。我轻轻地叹息了好些次。山头夕阳极感动我，水底各色圆石也极感动我，我心中似乎毫无什么渣滓，透明烛照，对河水、对夕阳、对拉船人同船，皆那么爱着，十分温暖地爱着！……我看到小小渔船，载了它的黑色鸬鹚向下流缓缓划去，看到石滩上拉船人的姿势，我皆异常感动且异常爱他们……三三，我不知为什么，我感动得很！我希望活得长一点，同时把生活完全发展到我自己这份工作上来。我会用我自己的力量，为所谓人生，解释得比任何人皆庄严些与透入些！三三，我看久了水，从水里的石头得到一点平时好像不能得到的东西，对于人生，对于爱憎，仿佛全然与人不同了。我觉得惆怅得很，我总像看得太深太远，对于我自己，便成为受难者了。这时节我软弱得很，因为我爱了世界，爱了人类。三三，倘若我们这时正是两人同在一处，你瞧我眼睛湿到什么样子！（沈从文《湘行书简》）

细读这封家书，我们必定能理解沈从文为什么会把《边城》写得这样美。因为，他爱世界、爱人类。

从这里我们也可以得出对沈从文全部作品的理解。

写《边城》时的沈从文，正值盛年。他的小说技巧与小说语言也都进入了他创作的最高境界。初起步时，沈从文连标点符号也不会用。经过十多年的磨炼，他在小说技巧上狠下功夫，这时已被人们称为文体家、美学家。《边城》的语言风格既不似初期那样的放笔横扫，不加节制；也不像后期那样过于雕琢，流于晦涩。这时的语言，句句"'鼓立'饱满，充满水分，酸甜合度，像一篮新摘的烟台玛瑙樱桃"。（汪曾祺《又读〈边城〉》）

《边城》于一九三四年四月完成，当年连载于《国闻周报》，十月由上海生活书店出书，一九三五年六月、一九三七年五月两次再版。一九四三年桂林开明书店又印此书，上海开明书店一九四六年十月、一九四九年两次印行。香港、台北两地曾盗印此书，并擅自改名为《翠翠》出版，还曾将《边城》改编为电影《翠翠》。一九三六年《边城》翻译成英文在《天下》月刊上连载，新中国成立后又出过另一版本的英译本，名为《边城及其他》，法文译文于一九八○年出版。

《边城》的一版再版，体现了广大读者对这部小说的喜爱，而且它还跨出国境，成为世界各地读者喜爱的一本书。

流亡岁月

一九三七年七月七日，卢沟桥事变拉开了中国全民族抗日战争的序幕。以后的一个月里，涂有膏药旗的日本飞机对北平进行连日的狂轰滥炸。沈从文与他的同事们作出了撤离北平的决定。

这时的沈从文，已是两个孩子的父亲。一九三四年底，沈从文的长子龙朱出生，一九三七年五月，次子虎雏又来到了人间。两个孩子一个不满三岁，另一个出生几个月。这个时候携家出逃，困难重重。无奈之中沈从文与张兆和商定，由沈从文先离开北平，张兆和随后带孩子南下。

一九三七年八月十二日，沈从文与杨振声、朱光潜、钱端升等编写教科书的同事和北大、清华两校的熟人、朋友乘火车前往天津。

此时的天津，到处是荷枪实弹的日本兵，马路上架着机枪，过往旅客都必须高举双手，逐个被严厉盘查，四周气氛十分紧张。沈从文一行人本想取道天津，到南京集中，最后去上海。谁知八月十四日的报纸赫然登载着《日本进攻上海，中国军民奋起抵抗》的消息。上海去路已断，大家面面相觑，在天津待了近十天，正好有一艘英国商船去烟台，不管三七二十一，离开天津到了烟台再说。沈从文等人决定走一步看一步。

结果，大伙儿又从烟台到济南，从济南到南京，由南京再到武汉，一路颠簸，到处碰到日机的轰炸，情形非常危险。

沈从文暂时留在武汉大学的图书馆；不久萧乾、杨振声也来到武汉，三人继续《大公报》副刊《文艺》的编辑工作。到了年底，南京沦陷，战火烧到了武汉，沈从文不得不考虑下一步的去向。这时，延安方面拟邀请十位作家去延安，愿意提供写作的方便。沈从文被列入邀请之列，此外还有茅盾、巴金、老舍、曹禺、萧乾等人。沈从文决定先去长沙八路军办事处了解一下去延安的具体情况。

那天，长沙下起了鹅毛大雪，沈从文、曹禺、萧乾、孙伏园几人一起，在长沙八路军办事处拜访了徐特立。徐特立既是位老资格的革命家，又是位忠厚、诚朴的长者，他向大家介绍了延安的情况，最后说：

"欢迎大家去延安，那里可以自由写作。如果留在后方做团结工作，也很好，这项工作也很重要。这场战争不像两三年就能结束，大后方的团结安定，才能保证前方的持久抗战！"

与徐特立的会面，给沈从文留下了深刻的印象。他深深感到作为中华民族一分子肩上的重任，他应该运用手中的笔，为抗战效力，为民众服务。

局势越来越严重，长沙到处都是难民与伤兵。沈从文听说自己的弟弟沈岳荃在与日军作战时负伤，现正在长沙的医院治疗。这个弟弟就是小时候与沈从文一同生病差点死掉，后来被一苗人妇女调养得很好的那个弟弟，现在他已是湘西军队的一位团长。沈从文四处打听弟弟的地址，竟遇到了表哥黄玉书。这位爱好艺术、厌恶当兵的人现在也是一位军人，在湘西军队驻长沙的师部留守处当中尉办事员。黄玉书告诉沈从文，在他离开湘西到北京不久，他就和当初沈从文代为写情书的杨光蕙小姐结了婚，双双在凤凰的小学里教书，孩子生了一个又一个，可收入微薄，生活逐渐狼狈起来。又因与学校里的年轻同事合不来，被挤出了学校，为应付生活，才到军队里找个差事，负责伤兵散兵的收容事务。表嫂仍在沅陵的一个村子里教小学，大儿子黄永玉被送到福建一个堂叔那儿读书，后来不声不响出走了，现在也不知在哪里。

沈从文拉表哥去长沙著名的李合盛饭馆吃了一顿生炒牛肚，才发现表哥既戒了烟又戒了酒。生活得不如意，又上了些岁数，他年轻时的豪爽洒脱都已不见，人变得越来越拘谨。沈从文知道他以前最爱抽烟，也很懂得烟品的好坏。第二次去见表哥，沈从文带了两大盒吕宋烟给他，他"憔悴焦黄的脸上露出了少有的欢喜和惊讶，只是摇头，口中低低地连说：'老弟，老弟，太破费你了，不久前，我看见有人送老师长这么两盒，美国军官也吃不起！'"沈从文为了让表哥开心，故意提起当年在常德代写情书的事，他说，那些情书如还保留着，改成故事，送到上海去可换二十盒吕宋烟来抽。当年的往事，已恍如隔世，两人笑了一阵，又沉默了。

沈从文的弟弟沈岳荃伤已痊愈，他见到哥哥很高兴，表示要以沈从文的名义，请长沙临时大学的熟人吃顿饭。沈从文邀请了张奚若、金岳霖、杨振声、闻一多、朱自清、黄子坚、梁思成、林徽因、萧乾等两桌客人。吃饭时，沈岳荃还介绍了"八一三"上海战役的种种情形。

到了长沙，也就快到了故乡。沅陵城中有沈从文的大哥沈岳霖盖的新居，沈从文以此房为家，招待了许多北平来的朋友。闻一多、萧乾、许维遹、浦江清等人都住进这房子。沈从文尽着地主之谊，陪客人围炉而坐，喝酒吃狗肉，说湘西的风俗民情，或去眺望沅水上的雪景。此时的沅水一派忙乱，向昆明撤退的临时大学师生，内地各大学、中学师生，国民党机关人员正陆续经沅陵向昆明疏散，江边停满了各式车辆。

三天后，闻一多等人告辞，继续步行上昆明。

沈从文兄弟三人，多年来第一次在家乡相聚，三人谈家事、国事，谈得最多的，还是湘西近年来的变迁。沈从文从弟弟口中得知，蒋介石在大敌当前、民族存亡的紧要关头，仍不忘排挤、兼并异己力量，不忘推行对湘西少数民族的歧视与镇压政策。湘西前几年爆发过一次苗民起义，蒋介石立即宣布湘西为匪区，调兵遣将向起义军进攻，同时逼迫陈渠珍下野。抗日战争爆发后，他又将原陈渠珍的部队调离湘西，去前线打日本鬼子，在既无向导带路，又无后备部队增援的情况下，部队死伤大半，蒋介石只听之任之。沈从文听了弟弟的介绍，对当前民族抗战的内在隐患感到深深的不安，对蒋介石假日军之手，消灭异己力量的阴谋极为愤怒。

第二天，沈从文的弟弟接到部队的急电，要他赶紧返回部队，继续带兵赴南昌与日军作战。沈从文送弟弟来到江边，伤愈随沈岳荃重返战场的家乡子弟兵有整整两个连，他们穿着新军棉衣，雄赳赳地列队在船边，准备出发。撤退去昆明的师生有人见此情形，立即跑到街上的杂货铺买来两挂鞭炮，为他们壮行。

弟弟乘坐的船开远了，站在船头向沈从文挥手的身影越来越小了。沈从文心里有了一种悲壮与肃穆的感觉。"这就是战争！"一个声音在他心中回荡。

告别了弟弟，沈从文开始了长篇小说《长河》的创作。

《长河》就是以弟弟告诉的湘西事变为背景，写湘西农村的阶级矛盾、民族矛盾，以及农民对城市"新生活运动"的种种揶揄和讽刺……按预定计划，《长河》全篇共四卷，打算一直写到苗民起义军接受蒋介石的改编，被蒋介石送上抗日前线，企图借日军之手消灭他们为止，完成大时代变动中苗民和湘西地方悲剧命运的描写。可沈从文只完成了第一卷，在香港发表时被删去一部分，一九四一年重写分章发表，又有部分章节不准刊载。全书在桂林付印时，又被国民党检查机关认为"思想不妥"，被扣压，后托人交涉，再送重庆复审，被重加删节，过了一年后才发还付印，等全书在开明书店出版时，已经是一九四八年了。

《长河》终于以一部未完成的长篇，留在了中国现代文学史上。

一九三八年四月，沈从文离开沅陵，来到昆明。留在北平的张兆和带着两个孩子与九妹岳萌一起，也于一九三八年初离开北平，转道香港、河内，到达昆明。全家人经过一年多的离散奔波，终于又可以生活在一起了。

在昆明，沈从文一家住进了北门街蔡锷的旧居，与杨振声同他的女儿杨蔚、儿子杨起，刘康甫父女，以及汪和宗同居一院，组成了一个大家庭。

　　杨振声俨然家长，吃饭时，团团一大桌子，他南面而坐，刘在其左，沈在其右，座位虽无人指定，却自然有个秩序。我坐在最下首，三姐在我左手边。汪和宗总管我们伙食饭账。（张充和《三姐夫沈二哥》）

北门街靠近中央研究院史语所，这个大家庭常常有客人上门，傅斯年、李济之、罗常培等人常来吃饭、聊天。这个大院子里还养了一只大公鸡，是金岳霖寄养的，一到拉空袭警报，别人都出城疏散，进防空洞，只有金岳霖进城来抱他的大公鸡。

沈从文这时在西南联大任教，教授现代文学、习作课程。除教书、写作外，沈从文又和杨振声一起，重新继续教科书的编撰工作。地点设在青云街六号，杨振声领衔主管，却不常来。沈从文任总编辑，负责选小说。朱自清选散文，一周来一两次。张兆和的四妹张充和那时与沈从文一家住在一起，也参加了教科书的编撰工作，负责选散曲，兼作注解。汪和宗分工抄写。

不久，昆明上空不断有日机来轰炸，次数越来越频繁。为了安全，临时大家庭又撤到了昆明附近的呈贡县的龙街，沈从文一家仍与杨振声一家住前后楼。沈从文周末才返回龙街，上课、编书仍在昆明。

在西南联大任教的沈从文，是位很受学生尊敬与拥戴的老师。他与当年在北平时一样，热心地帮助那些爱好文学的学生，希望能为壮大文学队伍、扶持新生力量出一点力。在他的学生中，后来在文学上有出色成绩的有汪曾祺、林蒲等人。

沈从文在教学之余，还创办刊物、评论时政得失。他始终关心着文坛风云，抗战期间，又卷入了两次影响极大的文学运动的论争之中。

一九三九年一月，沈从文发表了题为《一般与特殊》的文章，一九四二年十月他又写了《文学运动的重造》一文，两篇文章集中提出了这样两个问题：一、抗战时期的文学创作，是满足于一般的抗战通俗宣传，还是深入把握抗战时期的民族精神现实，使其成为"民族百年立国的经典"？二、作家是满足于际会风云，以"文化人"身份猎取一官半职，还是甘耐寂寞，在沉默努力中为民族抗战切切实实尽自己义务？在这两个问题上，沈从文的取舍是非常明确的。

这两篇文章的发表，遭到了左翼文学阵营的激烈批判，沈从文的观点被概括为"反对作家从政论"，被视为反对作家抗战的反动文学思潮。一九四三年，《新华日报》连续发表文章，对沈从文进行指责：

> 在抗战期间，作家以他的文笔活动来动员大众，努力实际工作，而竟目之为"从政"，不惜鸣鼓而攻，这倒不仅是一种曲解，简直是一种诬蔑！（郭沫若《新文艺的使命——纪念文协五周年》，载于一九四三年三月二十七日《新华日报》）

其实沈从文的观点，仍与他一贯坚持的文学独立原则相关，他那"乡下人"的倔拗，常常使他陷入偏执，也正是这种性格，使沈从文不可避免地成为中国现代文学运动中的孤立者与寂寞者。

一九四〇年至一九四二年，西南联大的教授中出现了一个新的文艺派别，有《战国策》杂志做他们的阵地，所以被别人称为"战国策派"。"战国策派"鼓吹社会的进步靠天才，而不是靠千万庸碌的大众，提出了"超人哲学""英雄崇拜"的口号，特别是在抗战时期，只有英雄才能拯救中华民族。

"战国策派"的观点一经亮相，沈从文立即撰文进行批判。他指出："英雄"的实际含义，就是指领袖。他以国际国内著名领袖人物罗斯福、斯大林、孙中山的思想行为为例，阐述了领袖与群众的关系。他摆出自己的观点：反对英雄崇拜，提倡民治主义，不将领袖神化。

转眼，沈从文一家人已在昆明呈贡的龙街住了五年。抗日战争已进入了最艰苦的年月。在大后方，物价飞涨，大学教授的工资常常不如一个堂倌或理发师，大家整天都在为吃发愁。为应付生存，闻一多靠出售图章、李晨岚靠卖画、董作宾靠卖字来贴补家用。沈从文一家陷入严重的生活困顿之中。住的房屋极为简陋，厨房那一间，斜梁接榫处已开裂，每逢大雨倾盆时，雨水便从裂缝处直接灌进屋内。即使半夜，沈从文也得从床上爬起来，用盆、桶与张兆和接、倒，弄得所有屋子都湿漉漉的。最可怕的是七八月的雨季，每晚都能听到附近房屋土墙的倾圮声，一家人提心吊胆，生怕自己的房子也会坍塌，常常坐待天明。家里早就用不起保姆，家中大小杂务，全都自己动手。磨刀扛物是沈从文二十年前的老本行，张兆和烧饭洗衣、照料孩子，同时还要去中学教英语。九岁的龙朱、六岁的虎雏负责挑水捡树叶。一家人经常半饥半饱。

沈从文每周往返于昆明与呈贡之间，常连路费也没有，四处借一点，然后从昆明坐火车到呈贡，再雇一匹老马，晃晃悠悠骑回龙街。骑在马上的时间，就是沈从文思考的时间。

对于目前个人生活的艰难，是在沈从文的预料之中的。

前方在打仗，军人在流血牺牲，国家在困难之中。可是昆明城内各组织、各阶层中正蔓延流行一场无形的瘟疫——对钞票的追逐。所到之处，几乎人人都在谈论金钱，人们的所有基本情绪都只随着金钱的得失涨落。沈从文非常担忧，这种只注重目前一己得失的情绪，障蔽了人们的双眼，使人们忘却了在民族存亡的关头应当怎样做人的责任。

龙街距云南著名的滇池不远，在写作与家务劳作之余，沈从文常常站在村外的小山岗上，看滇池上空的云起云飞。云南因云雨得名，滇池上空的云就是明证，它以变化万千而出奇。因云及人，沈从文看了云又会环顾日光云影下的各种生命，思考真正人生的意义。

沈从文把他的思考统统写成了文章，结集为《云南看云集》出版。后他又写下了《看虹录》《摘星录》《七色魔》《水云——我怎么创造故事，故事怎么创造我》等一批沉思默想式的自传性散文。这时的沈从文受西方弗洛伊德、乔伊斯的影响，想用现代派的表现手法使自己的文学技巧达到一个新的境界。这批作品打破了传统的文学模式，没有统一的情节，只有记事与内心独白，感情与想法交替出现。这是沈从文的一批实验作品。

这批作品在当时引起了不少人的反感，他们认为不论在思想上、艺术上还是主题意义上，这些作品都让读者"看不懂"，"不知所云"，它们不能使抗战将士得到鼓舞。沈从文听从了一些朋友的劝告，停止了实验性作品的创作。

沈从文是中国最早的几个把西方先锋派写作技巧借鉴进自己文学创作的作家中的一位。

重返北平

　　战争终于结束了，一九四五年八月十五日，日本宣布无条件投降。那天夜里，龙街沸腾了，一位六十岁的加拿大老人提着个搪瓷脸盆当锣敲，发狂似的满村乱跑，各处报信。沈从文与夫人张兆和喜极而泣。在这漫长的十四年里，有千万人民死亡流离，有无数大城名都遭毁灭，千万人的理想与梦被蹂躏摧残。如今噩梦终于过去了。

　　九月九日是张兆和与沈从文的结婚纪念日。沈从文邀请了几个朋友到家中一聚，酬答张兆和十余年来操持家务的辛劳，并庆贺战争的胜利结束。沈从文还写了一篇小说《主妇》，当作送给张兆和的礼物。

　　一九四六年夏，沈从文一家离开云南，张兆和带着两个儿子先去了苏州老家，沈从文独自先回到了北平。

沈从文继续担任北京大学教授，同时还担任了四个大报的副刊编辑工作：天津《益世报》，北平《经世日报》《平明日报》及《大公报》。生活又紧张忙碌起来，沈从文一如既往地关心培养着青年作家，在他的副刊上经常发表诗歌的作家就有穆旦、郑敏、袁可嘉、李瑛、柯原、陈敬容、杜运燮等人。在二十世纪四十年代中国文坛上，穆旦、郑敏、陈敬容等人形成的象征诗派占有重要的地位。而李瑛、柯原等成为新中国成立后中国诗坛的中坚。

青年诗人柯原因家中遭遇困难，写信向从未谋面的沈从文倾诉。沈从文最同情关心这些生活困难的文学青年，理解他们的不幸与无奈。他立即在报上刊登一则启事，说明柯原的困难，希望社会能帮助这位有前途的作家，而沈从文自己则愿意为柯原卖二十张条幅字，作为对柯原进行帮助的人的答谢。三十多年后，柯原回忆这段往事，还深怀感激：

一九四七年秋，我的长期当小职员的父亲，因年老被裁失业，患了急性肺炎。当时医疗费十分昂贵，如今很普通的一小瓶盘尼西林（青霉素），当时就是十几万法币。我家中只靠姐姐当小学教师的微薄工资以及亲友的接济度日。父亲的治病及去世后办理丧事，使家中负了一笔债，母亲和姐姐都十分愁苦。这时，我抱着试一试的心情，给沈老师写了一封信，打算预支些稿费，以偿还部分债务。沈老师对此十分关心，马上写了信来，提出为我义务卖字。接着，就在《益世报·文学周刊》上登了启事，大意是：为一家庭遇到困难的青年作家义务卖字，愿购者可将要求写的规格、内容等，寄到沈从文处，由沈按要求书写后，通知购买者将价款寄到该青年家中。沈老是著名的作家，他的书法又是很受人喜爱的。在启事刊出后，就有不少人写信购买。当然，这些人大抵也不是什么阔佬，而是凭着同情心来援助一个青年诗人的。记得当时我收到的寄款就有二十多份，每收到一笔钱心里都是热乎乎的，有的人还写来了亲切的问候，这是在当时的情况下，沈从文老师对一个无名诗人所能尽的最大限度的捐助了。由于这笔款，终于将家中的债务还清了。母亲得知此事后，一直在叨念和祝福这位没见过面的好心肠的教授。（柯原《湘西，清清的溪

水》，载于《我所认识的沈从文》）

而在此前沈从文从未为自己卖过一幅字，即使是在昆明生活最困苦的日子里。

一九四六年，就在抗日战争结束不到一年，沈从文刚刚回到北平的时候，蒋介石在美帝国主义的援助下，撕毁了停战协定，国民党军队大举进攻中原解放区。全面内战终于爆发，国内大多数知识分子和平民主建国的梦想被击得粉碎。

沈从文看到刚刚摆脱战争噩梦的中华民族又一次深陷战争的泥淖，内心十分痛苦，一种强烈的反战情绪在他心中迅速生长。此时的沈从文，与其说是个作家，不如称之为政论家更为恰当，在以后短短的两三年内，他写得最多最勤的是政论、随笔之类，大多直接对政治形势发表意见，有些名曰评论文章，实乃议论时局，议论中心都是反对内战。但沈从文没有分清挑起这场战争的罪魁祸首是谁，只是不分是非曲直地对国共双方各打五十大板。他一味地提倡用"爱"来消除隔阂，制止内战，寄厚望于美国调停，主张以教育"开发头脑"，甚至鼓吹"第三方面能重造，将来有光辉前途"。

所谓的第三方面，是指国共两党以外的其他党派的人士，超脱共产党和国民党的政治立场，企图走"第三条道路"所形成的一种政治力量。沈从文历来对"现代政治"不信任，在这一点上，他同"第三种"力量属同一思潮。

全面内战爆发后，萧乾参加了"第三条道路"的活动，他邀请沈从文参加《新路》杂志的筹办，并在发起人名单上签名。《新路》杂志就是鼓吹"第三条道路"的杂志。

沈从文没有答应。政治上不与任何人结盟，不愿参与任何形式的派别与集团活动，这是沈从文的人生选择。他二十岁以后生活道路的主旋律，就是挣脱集团拘束和人身依附，争取"生命"独立。他的信念来自他独特的人生经验。沈从文坚决拒绝了萧乾的提议，萧乾失望地告辞而去，在这个问题上的分歧，终于淡化了两人之间多年的交往与友谊。

一九四八年，国民党统治区一部分左翼文艺阵营的作家滞留香港，以便待机进入解放区，香港一时间文坛异常活跃。文人们正以极其兴奋的心情迎接全中国的解放，同时也对许多不利于人民解放事业的自由主义思想展开了批判。沈从文自然成了这场批判的靶心。郭沫若、邵荃麟、林默涵、冯乃超等人纷纷撰文，针对沈从文的"第三方面的活动"等错误言论以及某些作品进行了尖锐严厉的批判。

沈从文被戴上了好多顶帽子："反动统治的代言人""清客文丐""奴才主义者""地主阶级的弄臣""桃红色文艺作家"。这些离开文章本体和作者实际"无限上纲"的批判让沈从文无法接受，他反省自己走过的人生道路，似乎找不到支持这些判决的事实根据。自己出于对统治者残害无辜、滥用权力的憎恶，寻求生命独立的意义和价值，才走出湘西。为了改造现实、重造现实，他手中的笔，没有停止过对军阀政治及后来的国民党政权的批判。二十多年来，许多身为共产党人的朋友，从没有把他视为异己。沈从文自信自己从来不曾与人民为敌，自己不是反动派！

中国人民解放军很快兵临北平城下，北京大学教务长陈雪屏给沈从文买好了机票，要他携家去台湾。沈从文其实早已拿定了主意，不去台湾！因为国民党统治的覆灭，早就在他的预料之中。他对国民党政权从未有过任何幻想。

一九四九年一月，北平和平解放。七月，中华全国文学艺术工作者第一次代表大会在北平召开，可会议代表名单上没有沈从文。一些与沈从文具有相同思想倾向的人，正以民主党派人士的身份参与国家大事，沈从文也被排斥在外。沈从文感到惶惑与疑惧，他并不在意个人的名利得失，可他感到了巨大的压力。

沈从文整日忧心忡忡，坐卧不安，与家人形成了反差。解放军进城后，一位政治指导员找张兆和谈心，劝她去学习马克思主义，并走出家门参加工作。张兆和便上了华北大学，后来她当上了中学教员，最后在《人民文学》担任编辑。能走出家门为社会服务，张兆和对新中国新政权充满感激。两个孩子也同样是欢欣雀跃，这使沈从文更感到孤独，一种刻骨铭心的孤独。他完全退缩进自己的内心，整日足不出户，胡思乱想，自言自语。他的灵魂陷入茫茫迷雾之中，理智开始迷乱，一种无法自控的痛苦使他拿起了书桌上的裁纸刀，对准自己手腕上的血管划去……

沈从文在医院神志昏迷地躺了几天，终于度过了这场危机。药物的治疗，愈合了他肉体与神经两方面的损伤，他的情绪逐渐复归稳定。

不久，沈从文被安排到中央革命大学去学习。中央革命大学是北平解放后建立的一所政治文化学校。沈从文在革大学习了整整十个月，星期一上学，星期六回家。每天听政治报告，学政治文件，然后对照自己过去的思想认识，检查、反省、再认识。这些学习，把沈从文带进一个过去因隔膜而陌生的世界，恰如当年从湘西走进北京，两个世界构成的强烈反差，使精神不易取得平衡，他预感到自己"是个早已过时的人"，"不能适应新的要求"。研究班结业时，每人都要对照过去的思想写一份检查，沈从文写得异常艰苦，不知如何下笔，别人一个接一个交了卷，他一直写到离校前夕，最后一个完成。

一九五一年，沈从文发表了新中国成立后他的第一篇文章《我的学习》，其中包括了那份检查的基本内容。新中国成立三年中，报刊上完全消失了沈从文的名字，海内外有种种猜测和谣传。为了澄清谣言，回答海内外亲友的惦念，他在《我的学习》中这样写道：

这个检讨则是半年学习的一个报告，也即我从解放以来，第一回对于个人工作思想的初步清算和认识，向一切关心过我的，教育帮助过我的，以及相去遥远听了些不可靠不足信的残匪谣言，而对我有所惦念的亲友和读者的一个报告。

离开革大以后，沈从文作了明智的选择，他决定改弦易辙，放弃文学转向历史文物。他明白，自己所熟悉的题材范围、审美趣味乃至语言词汇实在与新社会的要求相去甚远，落后是注定了的，不如以另外的方式为社会服务。

沈从文对文物古董一直很喜好，早在保靖军队中替陈渠珍整理古籍、管理旧画时他就培养了这方面的兴趣爱好。二十世纪三十年代以后，沈从文的生活脱了贫，他经常不加节制地购买收藏各种文物，他的几位亲属、朋友就有这样的回忆：

一九四七年我们又相聚在北平。他们住中老胡同北大宿舍，我住他家甩边一间屋中，这时他家除书籍漆盒外，充满青花瓷器。又大量收集宋明旧纸。三姐觉得如此买下去，屋子将要堆满，又加战后通货膨胀，一家四口亦不充裕，劝他少买，可是似乎无法控制，见到喜欢的便不放手……

在那宿舍院中，还住着朱光潜先生，他最喜欢同沈二哥出外看古董，也无伤大雅地买点小东西。到了过年，沈二哥去向朱太太说："快过年了，我想邀孟实陪我去逛逛古董铺。"意思是说给几个钱吧。而朱先生亦照样来向三姐邀从文陪他。这两位夫人一见面，便什么都清楚了。我也曾同他们去过。因为我一个人，身边比他们多几文，沈二哥说，四妹，你应该买这个，应该买那个。我若买去，岂不是仍然塞在他家中，因为我住的是他们的屋子。（张充和《三姐夫沈二哥》）

他大半生都在从事搜寻和研究民间手工艺品的工作，先是瓷器和漆器，后转到民族服装和装饰。我自己壮年时代搜集破铜烂铁、残碑断碣的癖好也是由从文传染给我的。（朱光潜《从沈从文先生的人格看他的文艺风格》）

从文表叔一家老是游徙不定。在旧社会他写过许多小说，照一位评论家的话说："叠起来有两个等身齐。"那么，他该有足够的钱去买一套四合院的住屋了，没有；他只是把一些钱买古董文物，一下子玉器，一下子宋元旧锦，明式家具……精精光。买成习惯，也送成习惯，全搬到一些博物馆和图书馆去。有时连收条也没打一个。都知道他无所谓，索性连捐赠者的姓名也省却了。（黄永玉《太阳下的风景——沈从文与我》）

他虽喜欢收集，却不据为己有，往往是送了人；送了，再买。后来又收集锦缎丝绸，也无处不钻，从正统《大藏经》的封面到三姐唯一的收藏《宋拓集王圣教序》的封面。他把一切图案颜色及其相关处印在脑子里，却不像守财者一样，守着古董不放。大批大批的文物，如漆盒旧纸，都送给博物馆，因为真正的财富是在他脑子里。（张充和《三姐夫沈二哥》）

沈从文几十年收藏过许多文物，又送出去许多。一批又一批的文物，就这样从他手中流过，而这些文物所涉及的广泛知识——一种真正的财富，都积蓄在了他的脑子里。他作出了后半生的重要选择，把"知天命"以后的时间和精力，投放到历史文物的吉光片羽上。不过，沈从文把文物作为个人爱好提高到作为研究、整理祖国物质文化这样一项严肃的工作，就出发点和着眼点与过去对比起来，都有了一个了不起的升华。

一九五三年，上海开明书店写信通知沈从文，说他的作品已经陈旧过时，所以已将他的一切著作的纸型完全销毁。与此同时，台湾地区也查禁了他的作品。沈从文的名字在新中国文学史著作中完全消失了。

《中国古代服饰研究》

　　北京冬天的清晨，寒风凛冽，气温极低，街上行人很少。可天安门前的一个墙旮旯里，每天都能见到一个五十出头的矮个老人，穿着件灰布棉衣，跺着脚取暖，两手还捧着个刚出炉的烤红薯，等着历史博物馆开门上班。这人就是沈从文。

　　五十岁后还改换职业，沈从文深深感到时间的紧迫。时间就是生命，他已经没有多少时间可以浪费了。一切都要从头学起，所以他必须抓紧自己的分分秒秒。每天他总是第一个来到博物馆，中午从不回家，生活一切从简，中饭常常是一块手帕包两块烧饼。不止一次，中午下班铃响了，沈从文因精神太过集中，正在专心记录材料，以致没有听见铃声，结果被管理员反锁在库房里。下午上班等管理员打开库门一看，沈从文竟还在里面伏案疾书。管理员非常过意不去，上前道歉，沈从文反觉惊愕，不知管理员说的是什么。

博物馆分配给沈从文的工作是给文物分类写标签。沈从文一边抄写，一边对每件文物加以仔细观察与分类，其中的人物服饰、家具器皿、风俗习尚、花纹设色等全都被他记进了自己的脑子里。沈从文的博闻强记是出了名的，加之他对形象的感受力又极敏锐细腻，又善于系统化排列，很快他就进入了文物的高层次研究。

几年过去了，沈从文以他惊人的毅力，默默地在新的事业领域内耕耘，出版了一部又一部专著：《唐宋铜镜》《战国漆器》《中国丝绸图案》《明锦》《龙凤艺术》。他已成为了文物史方面的专家，他的生命之火再次发出耀眼的光辉。

远离了文学，长年埋头于坛坛罐罐的沈从文并没有被朋友们忘记。一次郑振铎来博物馆看望他。见到这位二十世纪三十年代起就相熟的文坛旧友，沈从文突然被伤感笼罩，他不知对郑振铎说些什么才好，只开口说了声"西谛"，眼圈就红了。

又一次，蹇先艾、李乔来看沈从文，正碰上沈从文咳嗽得厉害，两人见他满面憔悴，心里酸酸的，脸上都露出了凄凉的神情。沈从文见了，立即把两人拉到公园里去喝茶，有意说些轶闻趣事，逗他们开心。

金岳霖、巴金、李健吾、朱光潜、曹禺和卞之琳有时会去沈从文家看望他。巴金若从上海来北京，去看望沈从文时总带些吃的东西，两人低声地品评东西好吃与否。金岳霖的到来总会让沈家上下一片沸腾，孩子们管他叫"金爷爷"。他一点也不像世纪初留学英美的洋学生，而更像是哪家煤厂的会计伙计，身上一件长长的棉袍，棉裤扎着裤腿，头上戴的罗宋帽自己加了个马粪纸帽檐，看上去很怪异，而且是用一根粗麻绳绕在脑后捆起来的。金岳霖一进门就会从怀里掏出几个其大无比的苹果来跟小龙小虎比谁家的苹果大，然后留下来给他们吃。他还会讲福尔摩斯的故事给他们听。

一九五六年，毛泽东提出了"百花齐放，百家争鸣"的繁荣和发展文艺学术的方针。文学出版界决定重新出版"五四"以来有代表性作家的作品。一九五七年，由人民文学出版社组织选编的共计二十九万字的《沈从文小说选集》的书稿，送到了沈从文的手中。面对自己的小说书稿，沈从文想到了前几年开明书店来信说他的作品已过时，全部销毁的话，一时百感交集。他在这本选集的《题记》中，不无伤感地写道：

当更大的社会变动来临，全国人民解放时，我这个和现社会要求脱了节的工作，自然难以为继，于是暂时停顿下来了。一搁就是八年。由于工作岗位的改变，终日长年在万千种丝绸、陶瓷、漆、玉、工艺美术图案中转，新的业务学习，居多属于物质文化史问题，和对人民生产服务的需要，越深入越感觉知识不足。在这种情形下，我过去写的东西，在读者友好间还未忘记以前，我自己却几几乎快要完全忘掉了。

……我和我的读者，都共同将近老去了。（沈从文《沈从文小说选集·题记》）

这是沈从文新中国成立后直至二十世纪七十年代末出版的唯一一本选集。

进入了文物研究领域的沈从文，有一种越来越强烈的紧迫感。他每天面对的都是凝聚着中华民族先民伟大创造力与智慧的结晶品，那一坛一罐、一丝一缕，都是不可低估的历史文化财富。可与祖先的光辉创造相比，新中国对物质文化史的研究却是远远落后的状态，实在太不相称。有人说，敦煌在中国，而"敦煌学"却在日本；关于大同石窟，日本人写出了三十多本的研究报告，而在中国，却连一套像点样的介绍性图书也找不到。每每想到这些，沈从文都如芒刺在背，物质文化史的研究必须有一个与中华民族相称的地位和格局。如不赶快迎头赶上，我们将愧对祖先，也无法向子孙后代交代。

文物研究方面存在的问题已引起周恩来总理的关注。一九六三年，周总理召集有关人员在人民大会堂开会，他说，我出国访问，参观过人家的蜡像馆、服装博物馆。中华民族是一个具有伟大创造力的民族，文化比他们悠久，可是我们却没有自己的服装博物馆，没有相应的服装史，什么时候，我们才能编一部有自己特色的服装史？

文化部副部长齐燕铭立即插话："这事沈从文可以做。"

周总理也当机立断："好，那就交给他去做。"

一九六四年，沈从文接受周恩来总理的嘱托，开始了《中国古代服饰研究》一书的编写工作。他博览群书，对于各种杂说笔记、工艺百家之言，无不详加研究和考证，记下了不计其数的读书卡片。仅用了一年时间，沈从文就完成了包括七百幅图像、二十五万字的《中国古代服饰研究》一书的初稿。这部巨著所包括的时期起自殷商迄于清朝，对中国三四千年里各个朝代的服饰问题进行了择微钩沉的研究和探讨。

书稿完成后立即由出版社出了样书，分送有关部门及专家征求意见，并计划作为新中国成立十五周年的献礼书，可是接踵而来的"文化大革命"，使《中国古代服饰研究》和作者本人都遭到了灭顶之灾。沈从文半生汇集起来的藏书和资料全部散失，他自己也遭到了种种迫害。

沈从文被红卫兵抄了八次家。《中国古代服饰研究》被当作"鼓吹帝王将相，提倡才子佳人"的"毒草"遭到批判。沈从文被人架到台上，弯腰低头"坐喷气式飞机"挨批斗，然后又被罚去打扫厕所，去院内拔草，这一干就是几年。

一九六九年冬天，这位年近七十，身患高血压、心脏病的老人同许多知识分子一样，被下放到湖北咸宁干校。此时沈从文一家人都已天各一方。张兆和在同年九月就随人民文学杂志社一起到了湖北咸宁，距沈从文待的双溪有六十余里路。

沈从文被安排住在双溪一个小学校的教室里，每天看守菜园子，生活单调清苦，几乎与世隔绝。就在这样的处境中，沈从文念念不忘的还是那本《中国古代服饰研究》。

有关资料及工具书都已散失，沈从文全凭记忆，把储存在脑海中的丝、漆、铜、玉、花花朵朵、坛坛罐罐……调动出来，反复回忆温习，将《中国古代服饰研究》一书应增补的图像一一写出，又将国内文物研究工作近于空白点的一系列问题，分门别类，写出草目，还默写了一大堆卡片。到了八十年代，历史文物研究人员进行的几十项专项研究，都是根据沈从文当年在干校时"搭起的架子"进行的。沈从文后来回忆这段生活时，风趣地说："在农村'五七'干校期间，对我的记忆力是个极好的锻炼机会，血压一度上升到二百五十，还是过了难关，可能和我用心专一、头脑简单密切相关。"

血压升到二百五十，沈从文还是倒下了。精神的孤寂和环境的恶劣，诱发了他原就有的心血管系统疾病。沈从文被送进了当地医院，整整与病魔斗争了四十天，最终战胜了死神。

　　大病初愈的沈从文又回到了咸宁双溪，时已一九七
〇年深秋，田野里万物凋零，放眼望去，触目的都是毫无
生气的枯萎色。沈从文触景生情，想到一个月前刚刚去世
的大哥沈岳霖和姐夫田真一，不禁悲从心来。但逝者已
去，生者还得努力，沈从文写下了一首《喜新晴》自勉：

　　　　朔风摧枯草，岁暮客心生。

　　　　老骥伏枥久，千里思绝尘。

　　　　本非驰驱具，难期装备新。

　　　　只因骨格异，俗谓喜离群。

　　　　真堪托生死，杜诗寄意深。

　　　　间作腾骧梦，偶尔一嘶鸣。

　　　　万马齐喑久，闻声转相惊！

　　　　枫械啾啾语，时久将乱群。

　　　　天时忽晴朗，蓝穹卷白云。

　　　　佳节逾重阳，高空气象清。

　　　　不怀迟暮叹，还喜长庚明。

　　　　亲旧远分离，天涯共此星！

　　　　独轮车虽小，不倒永向前！

一九七一年，沈从文的病情日趋加重，连日常生活都几乎不能自理，终于获准返回北京，张兆和也申请了退休，回到北京。

北京的家已被别人占了，好不容易才要回一间屋。这小小的房间实在无法安身立命，沈从文只好写信给李季，请求作协为本系统的张兆和解决住房。最后在小羊宜宾胡同给张兆和分了两间房，一间做卧室，一间堆杂物。两间房加起来才十九平方米。

原来在东堂子胡同的一间房便成了沈从文的书房兼工作室。两处房相隔有两里路。在这块"飞地"上，沈从文又开始了他的《中国古代服饰研究》一书的重新编纂工作。听说沈从文回到了北京，沈从文原先的两个工作助手也找上门来，协助他一起工作。在这间小小的房间内，床上、桌上、地上，无一处不是书，大大小小的图样和说明文字贴得到处都是，简直让人无处插脚。桌子要用些劲推一推才有地方写字。晚上，书躺在躺椅上，沈从文就躺在躺椅上的书上。为了节约时间，沈从文每天往返小羊宜宾胡同一次。

不管是冬天或夏天的下午五点钟，认识这位"飞地"总督的人，都有机会见到他提着一个南方的带盖竹篮子，兴冲冲地到他的另一块"飞地"去。他必须到婶婶那边去吃晚饭，并把明早和中午的两餐饭带回去。

冬天尚可，夏天天气热，他屋子特别闷热，带回去的两顿饭很容易变馊的。我们担心他吃了会害病。他说：

"我有办法！"

"什么办法？"因为我们家里也颇想学习保存食物的先进办法。

"我先吃两片消炎片。"（黄永玉《太阳下的风景——沈从文与我》）

当时这本书根本没有出版的希望，许多熟人都劝阻沈从文不要这么傻干。沈从文对他的助手说：

"旧时当官的感到不如意时，可以表示'倦勤'，但作为社会主义中国的一个公民，却不能消极，因为他是国家的主人，不是官。"

一九七六年，周恩来总理逝世了，沈从文被通知去医院与周总理的遗体告别。从医院回来，他的助手去看他：

一进屋，看到沈老忽然显得十分憔悴和衰老，过分的悲痛使他因眼底充血而双眼蒙眬，他陷于巨大的悲恸之中了。他忘不掉总理一次次地亲切接见和鼓励，他为国家和民族的命运而忧心，更为《中国古代服饰研究》未能奉献于总理生前而抱憾。对总理的怀念，成了他工作的又一种动力。"一定得尽力搞好，不然对不住总理。"这是他鞭策自己并且鼓励我们的常用语。（王亚蓉《沈从文小记》，载于《我所认识的沈从文》）

随着"四人帮"的垮台，中国人民终于走完了十年苦难历程。一九七八年，在中国社会科学院院长胡乔木的过问下，沈从文从历史博物馆调到了社科院历史研究所工作，工作条件有了很大的改善。又经过三个月的努力，他终于完成了这部延搁了十五年之久的《中国古代服饰研究》一书的修订增补工作。

这部书以大量的出土文物和传世文物，如绘画、陶俑、雕塑、石刻、砖刻等艺术品和史志记载为依据，详细论述了各个朝代的各阶级、各民族的服饰式样和特点，及其在民族文化交流中的状况和作用，并且解析了各阶级、各民族在不同时期对服饰审美的不同观点和演变。对于服饰文化同其他方面的相关问题，也作了广泛深入的探索，提出了许多新问题和新见解。这部著作的成就是巨大的。

这部书一脱稿，立即有国外出版商闻讯派人前来洽谈，愿以最高稿酬和印刷条件出版此书。沈从文写信给社科院副院长梅益说："我不愿把我的书交给外国人去印。文物是国家的，有损国格的事，我不能做！"他把书稿交给了组织处理。

一九八一年，这部印刷装帧精美、分量极重的巨著由商务印书馆香港分馆出版。它引起了国内外学术界的震动，日本立即购买下该书版权并已全部出齐。欧美也翻译出版了它的英文、法文和德文版。中国台湾地区则抹去沈从文的名字，用盗版这一不光彩的方式出了此书。而在祖国大陆，这部巨著被作为国礼，成为国家领导人出访时赠送给外国国家元首的礼品，很快被赠送给了日本天皇和美国总统。

蜚声中外

一九七九年到一九八〇年间，沈从文几十年前的文学作品在国外受到青睐。由金隄与英国人白英合译的沈从文作品集《中国土地》一九八〇年在美国重印。《边城》的日译本在日本出版。收入沈从文《边城》《贵生》《萧萧》《丈夫》等作品的《散文选译》在英美受到读者欢迎，日本又翻译出版了沈从文的《夫妇》《灯》《会明》等中短篇小说。德国也翻译出版了《边城》及部分短篇。在法国，一位汉学家把三本中国古代经典作品和一部沈从文小说集定为他的学生的必读书籍。

随着夏志清的英文版《中国现代小说史》（将沈从文列专章介绍）和司马长风的《中国新文学史》（沈从文被置于现代文学大家地位），分别在美国和中国香港地区出版，西方学术界对沈从文作品的热情进一步被点燃。不断有西方研究者千里迢迢去湘西考察访问，了解那块养育了沈从文的神秘土地。西方文学界甚至开始提名沈从文为诺贝尔文学奖候选人。

在国内，沈从文的小说开始被重视，他的作品重新被印刷。一九八二年，花城出版社出了一套十二卷的《沈从文文集》。一些学者开始研究他的著作。小说《边城》还被改编为电影。一九八〇年十月，沈从文应美国文学界与学术界的邀请，以著名作家和文物研究家双重身份，偕夫人张兆和赴美讲学访问，这是沈从文夫妇第一次走出国门。

从东部到西部，全美国都刮起了一股"沈从文旋风"。近八十高龄的沈从文，受到了美国各界人士的热烈欢迎。

最高兴的要数张兆和的四妹张充和，她定居美国，与三姐、三姐夫分别了几十年，今天才得以与他们重逢，想说的话多得说不完。张充和的丈夫、美国耶鲁大学教授、汉学家傅汉思，就是在沈从文北平小小的家中做客时认识张充和的，一九四八年他们在北平结为了连理。

记忆的闸门打开了，要谈的话题实在太多了，但沈从文不论谈什么题目，总归根到文物考古方面去。

　　他谈得生动、快乐，一切死的材料，经他一说
便活了，便有感情了。这种触类旁通，以诗书史籍
与文物互证，富于想象，又敢于用想象，是得力于
他写小说的结果。他说他不想再写小说，实际上他
哪有工夫去写！有人说不写小说，太可惜！我认为
他如不写文物考古方面，那才可惜！（张充和《三
姐夫沈二哥》）

　　在美期间，沈从文还去拜访了二十世纪二十年代就
相识的老朋友王际真。王际真是当年徐志摩介绍给沈从
文认识的，沈从文生活困难时，曾得到过王际真的帮
助。后来，王际真赴美主持哥伦比亚大学中文系达二十
年，是将《红楼梦》节译本介绍给美国读者的第一人。
分别了五十年，沈从文一直惦记着他。来美后多方打
听，才知他已经退休多年，妻子早逝，一人独居，性格
孤僻，很少出门，已经拒绝访者，别人都称他是个"怪
老头"。

　　沈从文立即往打听来的地址寄了封信去，说自己来

了美国，想去拜访。

王际真回信说，从报上已见到你来美的消息，大家现在都老了，丑了，不如不见面，保持彼此年轻时的印象较好。沈从文还是打电话去约了时间，登门拜访。

一到他家，兆和、充和即刻就在厨房忙起来了。尽管他连连声称厨房不许外人插手，还是为他把一切洗得干干净净，到把我们带来的午饭安排上桌时，他却承认做得很好。他已经八十五六岁了，身体精神看来还不错。我们随便谈下去，谈得很愉快。他仍然有山东人那种爽直淳厚气质。使我惊讶的是，他竟忽然从抽屉里取出我的两本旧作，《鸭子》和《神巫之爱》，那是我二十年代的早期习作，《鸭子》还是我出的第一个综合性集子。这两本早年旧作，不仅北京、上海旧书店已多年绝迹，连香港翻印本也不曾见到。书已经破旧不堪，封面脱落了，由于年代过久，书页变黄了，脆了，翻动时，碎片碎屑直往下掉。可是，能在千里之外的美国，见到自己早年不成熟不像样子的作品，还被一个古怪老人保存到现在，这是难以理解的，这感情是深

刻动人的！（沈从文《友情》）

　　王际真还取出一束信札来递给沈从文，竟然是沈从文一九二八年到一九三一年写给他的。翻阅这些五十年前的旧信，沈从文心潮澎湃，仿佛又回到二十年代末那段令人惆怅的岁月。其中有一封信，是沈从文向王际真报告徐志摩遇难的信。倏忽之间，半个世纪竟过去了，想起各自的人生遭遇，望着孤寂的老友，沈从文的心不禁沉重起来。

　　沈从文先后在美国十七所大学作了二十二次演讲，题目为《二十年代的中国新文学》《中国古代服饰》《扇子》《从新文学转到历史文物》等，向美国学术界和文化界介绍了自己从事文学创作和文物研究的情形。许多人很关心沈从文几十年来的遭遇，希望通过他本人印证过去的种种传闻。沈从文在演讲中极为诚恳地说：

　　　　许多在日本、美国的朋友，为我不写小说而觉得惋惜，事实上并不值得惋惜。因为社会变动太大，我今天之所以有机会在这里与各位谈这些故事，就证明了我并不因为社会变动而丧气，社会变动是必然的现象。我们中国有句俗话说："塞翁失马，焉知非福！"在中国近三十年的变动情况中，我许多很好很有成就的旧同行、老同事，都因为来不及适应这个环境中的新变化成了古人。我现在居然能在这里很快乐地和各位谈谈这些事情，证明我在适应环境上，至少作了一个健康的选择，并不是消极地退隐。特别是国家变动大，社会变动过程太激烈了，许多人在运动中都牺牲后，就更需要有人顽强坚持工作，才能留下一些东西。在近三十年社会变动过程中，外面总有传说我有段时间很委屈，很沮丧；我现在站在这里说笑，那些曾经为我担心的好朋友，可以不用再担心！我活得很健康，这可不能够作假的！我总相信人类最后总要爱好和平的，要从和平中求发展、得进步的，中国也无例外这么向前的。（沈从文《从新文学转到历史文物》，载于《沈从文文集》第十卷）

许多外国朋友听了沈从文的讲话后，都十分敬佩；认为经历了十年风雨，沈从文似乎更显其情操上的高贵和胸怀之豁达宽阔了。从他身上，人们看到了中国知识分子的崇高风范。

在演讲中，有的学者称沈从文是天才。沈从文却平淡地说，他不承认任何天才，自己的小说写得很笨，要修改很多遍，掂斤估两，每个字都要思考很久，所以他的原稿如果丢失，往往连标题都回忆不起来了。他还说，自己不如巴金和老舍那样有灵性，可以下笔如飞，一气呵成，稿子丢失后还可以重写。

美国最有规模的中文书店——东风书店还特别组织了沈从文与读者的见面会。时值书店举行"白先勇作品周"，所以两位作家同时与读者见面。

一位来自中国大陆，一位来自中国台湾，一老一少两位作家初次见面，却亲密无间。白先勇首先致辞，他说，沈先生是他最崇敬的一位中国作家，他从小就熟悉沈先生作品中的许多栩栩如生的人物。沈先生的小说不仅对他本人有影响，而且也间接影响了他的学生。他的学生就有写关于沈从文的论文的。白先勇还说，人生短暂，艺术长存，沈先生的小说从三十年代直到现在，仍放射着耀眼的光辉。

许多读者上前来与两位作家无拘束地交谈，许多人拿着沈从文小说的英译本让沈从文签名留念。沈从文一一满足了读者的要求。

在美期间，沈从文还与陈省身、钟开莱、陈若曦等著名的华人学者、作家进行了座谈。

一九八一年二月八日，沈从文圆满地结束了在美国的讲学访问，回到了祖国。他播下了一粒粒种子，使美国人、华侨以及全世界许多人民真正了解中华民族是一个怎样伟大的民族，在中国多灾多难的胸脯上，曾经哺育出了多少爱国家爱同胞的合格公民，在历史长河中经得起任何考验而永远光辉照人的合格公民。

一九八三年，沈从文积劳成疾，引发了中风，造成左半身不遂，不能再执笔为文。

一九八五年十二月十九日，是沈从文从事文学创作与文物研究六十周年纪念日，中央对他的健康、住房、医疗、工作条件都作了更好的安排。他分到一套两间半的房子，结束了与夫人张兆和牛郎织女分居的状态。《光明日报》还在头版头条显著位置，发表了题为《坚实地站在中华大地上——访著名老作家沈从文》的长篇专访。其中编辑部所加的《编者按》这样写道：

年高德劭的沈从文先生，是中国现代文学史上的一位重要作家。五十年代初期，由于历史的误解，他中断了文学创作，改为从事中国古代文物研究。在这个领域中，他又取得了令世人瞩目的成就。然而，他是这般谦虚，这般豁达，这般地不计较个人委屈……坚定地站在祖国的大地上。这一切，正体现了中国知识分子的崇高风范。

党中央的直接关怀，让沈从文异常激动。这一年沈从文八十三岁了，他谐趣地对大家说：

"我就希望我能死得慢点，有好多事情还等着我去做呢！"

出版社给他寄去《沈从文文集》稿费九千多元，这是沈从文三十多年来头一次收到这么多的稿费，他和张兆和商量，又掏出几百元钱，凑足一万元，寄给湘西家乡山区办学校。

一九八八年五月十日，因心脏病突发，沈从文在其北京寓所逝世，一颗璀璨耀眼的巨星从此陨落……

参考书目

凌宇编：《沈从文自传》，南京：江苏文艺出版社，1995 年。

凌宇：《沈从文传》，北京：北京十月文艺出版社，1988 年。

金介甫：《沈从文传》，符家钦译，北京：时事出版社，1991 年。

朱光潜、张充和等：《我所认识的沈从文》，长沙：岳麓书社，1986 年。

吴立昌：《沈从文——建筑人性神庙》，上海：复旦大学出版社，1991 年。

吴立昌：《"人性的治疗者"：沈从文传》，上海：上海文艺出版社，1993 年。

赵园编：《沈从文名作欣赏》，北京：中国和平出版社，1993 年。

吴立昌：《沈从文作品欣赏》，南宁：广西教育出版社，1988 年。